JN121277

感情を表す形容詞の意味分析

加藤　恵梨 著

日本語・日本語習得研究博士論文シリーズに寄せて

　博士学位は運転の免許に例えられることがある。一理ある考え方である。人は、運転が十分に上手になってから免許を取るのではなく、最低限の知識と技能を身につけた段階で初めて免許を取り、それから一生懸命に車を走らせて技術を上達させていくからである。

　しかし、立場を変えれば、これは盲点のある例え方だと評することもできる。なぜなら、免許の取り方と学位の取り方とではその性格に大きな開きがあるからである。免許を取る訓練の段階では、指導教官が隣の席に座って丁寧に教えてくれるが、それでも、よほど危険な状況に遭遇しない限り、運転に直接手を貸すことはない。また、免許を取得できるかどうかが決まる試験に際しては、あくまで受験者が自力のみで努力し、うまく行かなかったら、一律に不合格になる。

　一方、博士学位の場合はどうか。まず博士論文の作成においては、発想から表現まで指導教員が惜しまずに力を貸すことがある。さらによくないのは、そうしておきながら、一旦審査する段階になると、同じ教員が主査を務めてしまうことにある。このような調子だから、「手前味噌」の滑稽劇がひっきりなしに展開される。これによって、学位を取った人の一部は、学位を取った日が研究を止める日になってしまう。なぜなら、一人では研究を続けていくことができないからである。

　このような滑稽劇を根絶するためには、体制の根本的な改革が必要であり、教員の一人二人の努力だけではどうしようもない。しかし、このシリーズの企画に際しては、せめてこの風潮を助長しないように注意を払っていくつもりである。つまり、執筆候補者の選定に関して、学位申請に必要とされた「博士論文」を見るだけではなくて、学位取得から一定以上の年数が経過しても、依然として弛まず研究を続けられていることを必須条件として定めているのである。

　こうすることで、このシリーズの著者たちは、本書の背表紙に刻まれた著者名だけでなく、学会や研究会の壇上で活躍する実際の姿と、学会誌の目次や研究会のプログラムに頻出する名前とが、常に三位一体となった動的な存在であることが保証されるであろう。シリーズの刊行が学問隆盛の一助となることを切に望む次第である。

大阪府立大学　張　麟声

目　次

iv

本書における表記法について

（1）例文には、各章ごとに通し番号が付してあるが、既に示した例文を再度示す場合は、例文の後に等号で初出の例文番号を示す。

（2）引用例が小説等からの引用である場合には、例文の後にその出典と掲載ページを示し、新聞からの引用である場合には、例文の後にその出典と日付を示す。また、インターネット上に公開されているホームページからの引用である場合には、例文の後に引用先の URL を示す（検索エンジン :http://www.google.co.jp/）。さらに、『現代日本語書き言葉均衡コーパス』からの引用である場合には、BCCWJ と記す。出典の付していない例文は筆者による作例である。

（3）例文の文頭に付された「*」は、その表現が非文であることを示す。「??」は、その表現が非文ではないが、容認度が低いことを示す。

（4）例文中、直接の分析対象となっている箇所は下線＿＿＿で示し、それ以外の問題となる箇所は二重下線＿＿＿で示す。ただし、例文が短く、該当箇所が明白である場合は、下線の処理を施さない。

（5）各語の意味あるいは意味特徴は、〈　〉で括って示す。

（6）注は各章ごとに通し番号を付し、各ページ末に挙げる。

第1章　語の研究の必要性

1. 語の研究で取り組むべき課題―現代語の意味を分析・記述することの必要性

　ことばの意味を調べたいとき、多くの人が参考にするのは辞書であろう。現代日本語の意味を詳述している『大辞林　第四版』で「かなしい」をひくと、次のように記述している。

　　かなしい〔悲しい・哀しい・愛しい〕

　　□心が痛んで泣きたくなるような気持ちだ。つらく切ない。《悲・哀》

　　　「母に死なれて―・い」「誠意が通じなくて―・い」

　　（□の「愛しい」の記述は省略する――筆者注）（p.540）

　□の「つらく切ない」という記述から、「かなしい」の類義語は「せつない」と「つらい」であることがわかる。次に「せつない」の意味を『大辞林　第四版』でひくと、次のように記述している。

　　せつない〔切ない〕

　　①（寂しさ・悲しさ・恋しさなどで）胸がしめつけられるような気持ちだ。つら
　　　くやるせない。

　　　「―・い胸の内を明かす」

　　（②以降は現代語の意味とは考えられないため、省略する――筆者注）

　　　　　　　　　　　　　　　　　　　　　　　　　　　　　　　　　　　（p.1525）

　①の「つらくやるせない」という記述から、「せつない」の類義語は「やるせない」と「つらい」であることがわかる。

　さらに、「やるせない」の意味を『大辞林　第四版』でひくと、次のように記述している。

　　やるせない〔遣る瀬無い〕

　　①思いを晴らすことができずせつない。つらく悲しい。

「片思いの—・い気持ち」

②施すべき手段がない。どうしようもない。

「見る人—・く立ち塞（ふさ）がり、海道塞げて人を通さず／浮世草子・新色五巻書」

（p.2773）

「やるせない」の①の意味は「せつない」を介して説明されており、「やるせない」と「せつない」の意味の違いを理解するのが難しい。また、「つらく悲しい」とも記述してある。

上の『大辞林　第四版』の記述から、「かなしい」「つらい」「せつない」「やるせない」の意味が類似していることはわかるが、個々の意味および類義語間の意味の違いが理解できたとは言いがたい。

類語辞典ではどうだろうか。『三省堂類語新辞典』では「かなしい」「つらい」「せつない」「やるせない」を次のように記述している。

かなしい〔悲しい〕

不幸やつらい事態に直面し心が痛む。「—思い／出来事」（p.415）

つらい〔辛い〕

ひどく苦しい。「—世の中／運命」

せつない〔切ない〕

悲しさや淋しさ、また恋しさなどで胸が締めつけられるように苦しい。「—別れ／思い」

やるせない〔遣る瀬無い〕

思いの晴らしようがなくて、つらく切ない。（「つらい」—「やるせない」、p.438）

それぞれの語の記述を見ても、個々の意味および類義語との意味の違いが理解できたとは言いがたい。特に、感情を表す表現の意味記述は難しいようである。

国広（1997）は、国語辞典の意味記述について次のように述べている。

語義の分析・記述は辞典編纂の中でも最も難しい部分であるが、その進歩がおそいのは、基になる現代日本語の意味研究が未発達であることが大きな

原因であるように思われる。その理由として、学界におけるいままでの現代語研究の軽視、意味研究よりも文法研究の重視ということが挙げられよう。

（pp.2-3）

　また、国広（1997）は現代語研究軽視の裏にある心理として、「現代語は我々が日常に自由に使いこなしているのだから分かり切っている、特に研究するまでもない、ということがあるのではないだろうか。しかし、言語を自由に操れることと、その言語を客観的に分析・記述することがいかに異なることであるかは、言語学が特に強調して教えるところである」（p.3）と述べている。国広（1997）の指摘から2023 年で 26 年たつが、事態はあまり変わっていないようである。それほど意味記述は難しく、多くの研究者が現代日本語の意味の分析および記述に取り組むことが必要であると言える。そこで本書では、意味を記述するのが難しい、感情を表す形容詞を分析対象とし、それらの意味を記述することを目的とする。
　さらに、『新明解国語辞典　第八版』と『大辞林　第四版』で「いや」をひくと、『新明解国語辞典　第八版』は1つの意味しか記述していないが、『大辞林　第四版』は3つの意味を記述している。

いや〔厭〕[1]
それを受け入れる（続ける）ことに不快感を覚え、（出来れば）そうしなくて済むようにしたいと思う気持。
「仕事が―になる／―な奴」（『新明解国語辞典　第八版』、pp.102-103）
いや〔嫌・厭〕（形動）
①きらうさま。欲しないさま。
　「―になる」「―なら行かなくてもいいんだよ」「顔を見るのも―だ」
②不愉快なさま。
　「―な顔をする」
③好ましくないさま。
　「―な予感がする」「人の弱みにつけこむ―なやつ」「―ねえ、こんな所で寝

1　「いや」には感動詞の［否］と接続詞の［否］の意味も書かれているが、ここでは形容動詞の「いや」の意味を取りあげる。

3

こんじゃって」(『大辞林　第四版』、p.191)

　このように、ある語に1つの意味しか記述していない辞書がある一方で、複数の意味を記述している辞書もあるのは、文脈の影響によって違って見える意味を細かく記述しているか否かによって生じると考えられる。しかし、「文脈の影響を受けて違って見える語義を細かく追及して行けば、多義はいくらでも数を増す」(国広1997、p.174)ことになる。よって、文脈の影響によって違って見える語義を細かく記述するのではなく、語の本質的な意味を記述する必要がある。

　加えて国広(1997)は、国語辞典の記述で最も大きな問題は、多義語項目の記述をめぐる諸問題であると指摘している(p.174)。多義語とは、「同一の音形に、意味的に何らかの関連を持つふたつ以上の意味が結び付いている語」(國廣1982、p.97)のことである。多義語を分析するにあたって解明しなければならない課題として、籾山(2002)は、少なくとも(1)複数の意味の認定、(2)プロトタイプ的意味の認定、(3)複数の意味の相互関係の明示があると述べている(pp.100-101)。まず(1)の課題は、多義語の定義から必然的に導かれるものである。つまり、多義語は相互に関連のある複数の意味をもつため、多義語の意味を記述するにあたり、複数の意味が存在することを示すことが前提になる。続いて(2)の課題は、認知言語学において広く認められるプロトタイプ理論(プロトタイプにもとづくカテゴリー化)にもとづくものである。プロトタイプとは、カテゴリーの典型的なメンバーのことである。プロトタイプ理論にもとづき、多義語の複数の意味全体を1つのカテゴリーと考えた場合、そのカテゴリーを構成する個々の意味はすべて同等の重要性をもつのではなく、何らかの意味で優劣があるということを前提とする。複数の意味の中で最も基本的であり、慣習化の程度が高く、想起しやすいといった特徴を備えたものをプロトタイプ的意味と認定する。さらに(3)の課題も、多義語の定義から必然的に導かれるものである。つまり、多義語の複数の意味には相互に何からの関連が認められるので、個々の多義語の分析にあたり、その関連の実態を明らかにすることが課題となる。意味の転用・拡張を生じさせる比喩の重要な下位分類としてメタファー、メトニミー、シネクドキーという比喩が認められ、さらには、比喩によって生じた新しい意味が定着した場合に多義語が生じるということからすれば、必然的にこれらの比喩が多義語の複数の意味を関連づけ

る重要なメカニズムであることになる (pp.101-102)。メタファー、メトニミー、シネクドキーについては本書の第3章で詳述する。

　籾山 (2002) で指摘されている課題は、多義語分析をするにあたり、取り組まなければならない重要な課題である。しかし、本書では「(2) プロトタイプ的意味の認定」について十分に扱うことができない。籾山 (2002) は、「プロトタイプ的意味の認定」には、実験にもとづく方法などがあると指摘している (p.107)。実験にもとづく方法とは、相当数の被験者に分析対象語である多義語を含む文を作ってもらい、最も多く使われた意味をプロトタイプ的意味と認定する方法などのことである。本書では、実験にもとづく方法について準備がないため、プロトタイプ的意味の認定については今後の課題とする。よって、多義語を分析するにあたり、複数の意味を認定し、複数の意味の相互関係を明示することに力をそそぐ。

2．本書の構成
　本書の構成は以下のとおりである。

　第2章では、感情と感情形容詞についての先行研究を概観し、本書の感情と感情形容詞の考え方について述べる。また、本書が分析対象とする語を示す。

　第3章では、認知言語学の基本的概念である「フレーム」と「比喩（メタファー、メトニミー、シネクドキー）」について概観する。

　第4章では、〈喜〉の感情を表す「おもしろい」と「おかしい」について、個々の意味と、両語の意味の類似点および相違点を記述する。

　第5章では、〈哀〉の感情を表す「かなしい」「さびしい」「わびしい」を取りあげ、個々の意味とそれらの意味の類似点および相違点を記述する。

　第6章では、〈怖〉の感情を表す「おそろしい」と「こわい」について、個々の意味と両語の意味の類似点および相違点を記述する。

　第7章では、〈厭〉の感情を表す「いや」「きらい」「うっとうしい」「わずらわしい」「めんどうくさい」「つらい」「くるしい」「せつない」「やるせない」を取りあげ、意味の類似性の面からそれらを4つのグループに分けて分析する。1つ目は「いや」と「きらい」であり、2つ目は「うっとうしい」「わずらわしい」「めんどうくさい」であり、3つ目は「つらい」と「くるしい」であり、4つ目は「せつない」と「やるせない」である。それらの個々の意味と、グループ内の語の意味の類似点および相違点を

5

記述する。

　第8章では、〈昂〉の感情を表す「じれったい」「もどかしい」「はがゆい」について、個々の意味とそれらの語の意味の類似点および相違点を記述する。

　第9章では、「気持ち良い」と「気持ち悪い」、「すき」と「きらい」という反義語の意味の類似点および相違点を記述する。

　第10章で本書のまとめを述べる。

第2章　感情と感情形容詞

１．感情の考え方

　感情を表す形容詞の意味を分析・記述するにあたり、本書が考える感情および感情の下位分類のしかたについて述べる。感情は幅広い分野で研究されており、分野によって感情の定義や分類が異なっている（福田 2003, 2006）。本書は、『感情表現新辞典』に従い、心理学などによる感情の分類は「言語面に反映した感情の扱いにはなじみにくい」（p.7）と考え、感情を次のように、心理学などで考えられているよりも広い精神状態として捉える。

　　　「感情」という用語は、心理学的には、感覚や観念にともなって起こる快・不快あるいは緊張・弛緩の現象をさすとされ、意思・理性に対立するものとして、意識の主観的な面をあらわす際に使われるという。
　　　感性経験のうち、感覚とも情緒とも区別されるが、ここでは、いわゆる「喜怒哀楽」と四分される概念よりもいくぶん広くとらえ、「気持ち」とか「心理」とかということばで指示する、ある臨時的な精神状態のほとんどすべてを対象とする。（p.7）

２．形容詞について

　形容詞についての先行研究を整理・検討し、本書の形容詞についての考え方を示す。なお、本書では「かなしい」「たのしい」といった基本形がイで終わる、いわゆるイ形容詞と、「きらいだ」「すきだ」といった基本形がダで終わる、いわゆる形容動詞を合わせて形容詞と呼ぶ。形容動詞を形容詞と分けて一品詞とするか否かについては諸説あるが（三上 1953、渡辺 1971、鈴木 1972、村木 1998、加藤 2003 など）、西尾（1972）に従い、「形容詞と、いわゆる形容動詞とは、その表す意味の性格や文法的なはたらきがほとんど同じである」（p.18）と考える。

2.1　形容詞の意味における主観的な側面

　西尾（1972）は、形容詞には、ある基準にてらしての相対的な判断・評価を表すという性格が強い語が多く、その基準に社会的・客観的な性格のものがあると

同時に、個人的・主観的なものがあると指摘している（p.16）。例えば、ある品物が「たかい」か「やすい」かの判断の基準になるものは、同じ種類の品物の一般の値段というような客観的なものもあるが、売る立場と買う立場、その人の恒常的な、またその時の経済的条件など、不一致を引き起こす原因になりやすい条件も多い（p.16）。このように、形容詞には中心的な意味そのものが主観的・感情的な要素を抜きにして考えらえないものが多い。

　西尾（1972）の形容詞の捉え方は、Langacker（1999）の形容詞に対する考え方と基本的に同じであると考えられる。Langacker（1999）は、blue のような色彩語にも見るというプロセスが関わっており、もしそうでなければ対象を blue と規定することもできないと述べ、形容詞で表現される状況の背景には、程度の差こそあれ、その評価を下す知覚者の能動的な働きかけが前提にあると考えている（pp.353-354）。

　本書は、西尾（1972）や Langacker（1999）に従い、形容詞には対象に内在する属性に関する側面と、知覚者の対象への働きかけによって得られた知覚や認識の側面がその意味の中に同時に内在していると考える。このような考え方は、認知言語学（Cognitive Linguistics）の言語観にもとづくものである。[2] 辻（編）（2002）は Bechtel and Graham（1998）をもとに、認知言語学について次のように説明している。

　　　人間は環境世界の中で様々な相互作用や内的経験を持ちながら生きる認知主体である。認知言語学とは、そうした人間の認知的営みという包括的な枠組みから言語に焦点を絞り、意味と形式や認知と言語の静的・動的な様相の説明を試みる言語研究の総称である。（p.182）

2.2　日本語の形容詞の分類

　日本語の形容詞の分類については、時枝（1950）、寺村（1982）、山口（1982）、

2　認知言語学的アプローチを用いた感情を表す言語表現についての研究には、感情の比喩表現、慣用表現などに関するものがある（Lakoff and Johnson1980, 1999, Kövecses1986, 2000a, 2000b, 2002, 2005 など）。一例をあげると、Lakoff（1987）は、'anger' は第一段階から第五段階〔出来事→怒り→制御の試み→失敗→表出と均衡回復〕までの複雑な認知構造をもつと主張している（pp.491-492）。

川端（1983）、尾上（1986）、細川（1989）、外池（1990）、仁田（1998）など
多くの先行研究があるが、意味の違いや統語的なふるまいの違いによって、感情
形容詞と属性形容詞との 2 つに分類する案がこれまでの説の中心となっている。こ
れに対し、形容詞が表す属性が一時的なものか、恒常的なものかという事態の時
間的な限定性を基準として、形容詞を時間的な限定性のある状態形容詞と、時
間的な限定性のない質（特性）形容詞に分類する考え方もある（荒 1989、樋口
1996, 2001、八亀 2001, 2003, 2004, 2007, 2008　など）。しかし、いず
れの説においても中間項が想定され、範疇間の連続性が認められている。以下で
は、西尾（1972）の感情形容詞と属性形容詞についての記述を概観する。

2.2.1.　感情形容詞と属性形容詞
　西尾（1972）は、感情形容詞と属性形容詞を次のように説明している。

　　　感情形容詞：人間の主観的な感覚・感情を表すもの
　　　　　　　　　例　まぶしい、いたい、うれしい、なつかしい、いやな
　　　属性形容詞：ものや人の性質や状態、動きのようすなどを表わし、客観的な性質・
　　　　　　　　　状態の表現をなすもの
　　　　　　　　　例　おおきい、しろい、はやい、わかい、しんせつな（p.21）

　西尾（1972）は、感情形容詞と属性形容詞とを区別する方法を 10 項目にわたっ
て考えている（pp.22-23）[3]。このような方法はあるものの、属性形容詞と感情形
容詞は様々な面で密接に関係し合っている。次の（1）から（3）のように、感情形
容詞が属性表現的に使われることはよく見られる現象である。

3　10 項目とは、①接尾語「～がる」がつくか、②「（わたしは）～い（だ）。」という文の述語となり、話
　し手の感情・感覚を表すか、③「あなた（あの人）は～い（だ）。」という文の述語となり、第二（三）人
　称者の感情・感覚を表すか、④「あなた（あの人）は～そうだ。」という文の述語となり、感情・感覚の
　表れた様子を表すか、⑤「《対象＝モノ》が～い（だ）。」という文の述語となりえるか、⑥「《対象＝人》
　が～い（だ）。」という文の述語となりえるか、⑦「《対象＝コト》が～い（だ）。」という文の述語となりえるか、
　⑧「～い（な）こと」という形を作り、「こと」が内容を表すか、⑨「《体の部分》が～い（だ）。」という
　文の述語となりえるか、⑩「～くて（で）たまらない」と表現することができるか、である。

（1）肉親との別離はかなしい。

（2）インフルエンザの予防注射はいたい。（（1）と（2）、p.34）

（3）野菜の味が浸み込み、肉特有の**いやな**匂いもぬける。(p.35)

　（1）と（2）の「かなしい」と「いたい」は特定の感情・感覚の主体と関係しているのではなく、「別離」や「予防注射」の一般的な性質を表現した文として用いられている。また、感情形容詞が連体修飾語の位置を占める場合には、より属性表現的になりやすく、（3）では感情の主体が不明確になり、「いやな」が名詞の表す事物の属性表現のようになっている（pp.34-35）。

　さらに、ある1つの形容詞が、通常の用法の範囲内でも属性と感情の両面を合わせもっていて、属性形容詞と感情形容詞の中間に位置づけられるものもある。西尾（1972）は時枝（1950）をもとに、形容詞を「感情形容詞」「感情と属性の両面をもつ形容詞」「属性形容詞」に分類し、次のような語を例としてあげている。

感情形容詞………ほしい、恋しい、はずかしい、うらめしい、なつかしい

感情と属性の両面をもつ形容詞……こわい、にくらしい、さびしい、おもしろい、
　　　　　　　　　　　　　　　　　おかしい、かわいい

属性形容詞……高い、赤い、はげしい、早い、堅い、細い、すごい (pp.22-23)

　感情と属性の両面をもつ形容詞に分類されている「おかしい」について見ると、「おかしい」は次の（4）のように、感情の主体である人（伸子）の感情を表す一方で、次の（5）のように歩き方自体が客観的にもっている性質を表すこともできるため、「おかしい」は属性を（も）表すと考えられる（pp.204-208）。

（4）伸子はもういつの間にか、佃は「さん」づけにする価値ない者、と心にきめたやうに、佃、佃と呼び捨てる母の口調が悲しく**可笑しかった**。(p.204)

（5）歩き出しや、階段の上り下りは殊に困つた。その<u>歩きつきが</u>**をかしい**ので、生徒達は彼のうしろでよくくすくす笑つた。(p.206)

　以上のように、感情形容詞、感情と属性の両面をもつ形容詞、属性形容詞は連

続的であり、それらを明確に区分することは困難である。

2.2.2　感情形容詞の下位分類

　感情形容詞は、感覚と感情に下位分類できる。感覚を表す形容詞と感情を表す形容詞は、対象語となるものが異なり、感覚を表す形容詞の対象語となるのは、次の (6) や (7) のようにほとんどがものを表す具体名詞である。それに対して、感情を表す形容詞は、次の (8) から (10) のように、ものを表す具体名詞、人を表す具体名詞、ことを表す抽象名詞や名詞句も対象語となる (pp.36-39)。

　(6)　毛がくすぐったい。

　(7)　たき火がけむたい。

　(8)　東京で吸う赤い味噌汁は**なつかしい**。

　(9)　(前略) 私もまた咲子が好きであつた。((6) - (9)、p.37)

　(10)　わしは仏像と面を見合わせてすわるのがつらいのだよ。(p.38)

3．分析対象

　感情と感情形容詞についての先行研究の検討をもとに、本書での分析対象を示す。

　『感情表現新辞典』は採集した多くの実例から抽出された感情を類別した結果、感情を「喜び」「怒り」「哀れ」「怖さ」「恥ずかしさ」「心惹かれる気持ち」「不快に感じる気持ち」「昂り」「安らかに落ち着く感じ」「驚き」という10種類に分け、それらを〈喜〉〈怒〉〈哀〉〈怖〉〈恥〉〈好〉〈厭〉〈昂〉〈安〉〈驚〉という漢字一字で表している (pp.8-9)[4]。『感情表現新辞典』であげられている表現の中から形容詞をいくつか抜き出すと、次のように記述できる。

　　喜……めでたい、よろこばしい、うれしい、たのしい、おもしろい、はればれしい、
　　　すがすがしい、さわやか など

4　『感情表現新辞典』は、感情を大きく10種類に区分けした上で、そのうちのどの類にも収まりきれない微妙な感情や、複数の異なる感情が融合した複雑な感情を〈複合〉として一括している (p.9)。

怒……はらだたしい、いきどおろしい、あらあらしい、ふきげん など

哀……かなしい、なげかわしい、いたましい、いたわしい、さびしい、わびしい、
　　　むなしい など

怖……きみわるい、こわい、おそろしい、こころぼそい、こころもとない など

恥……はずかしい、てれくさい、おもはゆい、ばつがわるい、こそばゆい など

好……いとおしい、いとしい、すき、このましい、なつかしい など

厭……いや、いとわしい、いまわしい、きらい、うっとうしい、わずらわしい、つ
　　　らい、せつない、やるせない、くるしい など

昂……いたたまれない、きぜわしい、はがゆい、じれったい、もどかしい、いら
　　　だたしい、かたくるしい など

安……はればれしい、ゆるぎない、こころやすい、きやすい など

驚　　（形容詞の例の記述なし）

　本書では、上の10種類のうち、感情を表す形容詞が多く含まれる〈喜〉〈哀〉〈怖〉
〈好〉〈厭〉〈昂〉類に注目する。なお、〈喜〉類の「うれしい」と「たのしい」に関
しては先行研究が多く（山田1982、『基礎日本語辞典』、藤田1991、西尾1993、
菊地2000 など）、詳細な意味記述がされているため分析の対象としない。上記6
類の中で、辞典類や先行研究で個々の語の意味や類義語や反義語との意味の違い
が明らかにされているとは言いがたい次の22の形容詞を分析対象とする。

喜……おもしろい、おかしい、気持ち良い

哀……かなしい、さびしい、わびしい

怖……おそろしい、こわい

好……すき

厭……いや、きらい、うっとうしい、わずらわしい、めんどうくさい、つらい、くるしい、
　　　せつない、やるせない、気持ち悪い

昂……じれったい、もどかしい、はがゆい

　上の〈喜〉類の「おかしい」と、〈厭〉類の「わずらわしい」「めんどうくさい」「気
持ち悪い」は『感情表現新辞典』に取りあげられていないが、「おかしい」は「お

もしろい」の類義語として、「わずらわしい」と「めんどうくさい」は「うっとうしい」の類義語として、「気持ち悪い」は「気持ち良い」の反義語として先行研究などでしばしば問題となるため、分析対象に含めることとする。

第3章　フレームと比喩

1. はじめに
　第4章以降で感情を表す形容詞の意味を分析する際に用いる、認知言語学の基本的概念である「フレーム」と「比喩（メタファー、メトニミー、シネクドキー）」について概観する。

2. フレーム (frame)
　Fillmore (1982) は、frame を次のように定義している。

> By the term 'frame' I have in mind any system of concepts related in such a way that to understand any one of them you have to understand the whole structure in which it fits ; ... (p.111)

　Fillmore (1982) が述べているように、「フレーム」とは、ある1つの概念を理解するために、それが適合する全体的構造を理解しなければならないというような形で関係づけられた概念体系である。例えば、land と ground という2つの語はともに〈地球の乾いた表面(the dry surface of the earth)〉を指して使われるが、land は海 (sea) と対比した時の地球の乾いた表面を指し、ground は大気 (air) と対比した時の地球の乾いた表面を指す。よって、この2語は、フレームの中でどのように位置づけられるかという点において異なる。したがって、a bird that spends its life on the land と言えば〈水鳥ではない鳥〉のことであり、a bird that spends its life on the ground と言えば〈飛べない鳥〉のことであると理解することができる。このように、同一の事態に対して異なるフレームが用いられることにより、異なる語が使われている (p.121)。
　また、籾山 (2010) は、「トイレ」のフレームを次のように記述している。

> トイレに入る→排泄する→手を洗う→トイレから出る (p.86)

　上の「トイレ」のフレームは、「トイレ」に関する私たちの経験を通して形作られ

14

たものであり、いくつかの異なる行為から構成され、各行為が決まった順序で行われることが示されている。このようなフレームの知識を共有しているため、「朝起きると、まずトイレに行く」とだけ言えば、「トイレ」のフレームに含まれる全過程を伝えることができる（pp.86-87）。

3．比喩

第1章で述べたように、ある語が多義語である場合、複数の意味の関連性について考察する必要がある。以下では、その関連づけに重要な役割を果たす「メタファー（metaphor）／隠喩」「メトニミー（metonymy）／換喩」「シネクドキー（synecdoche）／提喩」という比喩の定義とその性質について、籾山（2009, 2010）にもとづいて概略を示す[5]。

3.1　メタファー（metaphor）／隠喩

籾山（2010）はメタファーを次のように定義している。

> 2つの事物・概念の何らかの「類似性（similarity）」に基づいて、本来は一方の事物・概念を表す形式を用いて、他方の事物・概念を表すという比喩（p.35）

メタファーの具体例を籾山（2010）にそって見ると、形などの外見の類似性にもとづくものと、より抽象的な類似性にもとづくものがあげられている。形などの外見の類似性にもとづき生じたメタファーには「トンボ（＝グラウンド整備の道具）」「猫背」「鳩胸」「目玉焼き」などがあり、より抽象的な類似性にもとづくメタファーには「肩の故障で、今シーズンを棒に振ってしまった」という表現がある。本来〈機械などが正常に機能しなくなること〉を表す「故障」が「人間」に関して使われる場合、「故障」は〈スポーツ選手などの体（の一部）が正常に機能しなくなること〉を意味する。この新しい意味は、〈正常な機能が果たせなくなること〉という本来の意味との共通点にもとづくメタファーである（p.36）。

5　籾山（1997, 1998, 2001, 2002）、籾山・深田（2003）などにおいても詳述されている。

3.2　メトニミー（metonymy）／換喩

籾山（2010）はメトニミーを次のように定義している。

> ２つの事物の外界における「隣接性（contiguity）」、さらに広く２つの事物・概念の思考内、概念上の「関連性」に基づいて、一方の事物・概念を表す形式を用いて、他方の事物・概念を表す比喩（p.44）

続いて、メトニミーの具体例を籾山（2010、pp.45-48）にそって概観する。

（1）テーブルを片づける。
（2）扇風機が回っている。
（3）手が足りない（から手伝って）。（（1）-（3）、p.45）

メトニミーの最も基本的な基盤は、２つの事物が空間的に隣接している際に、本来は一方の物を表す表現で、もう一方の物を表すというケースである。（1）が〈テーブルの上にあるもの（たとえば食器類）を他の場所（たとえば流し）に移す〉あるいは〈テーブルの上に散らかっているものを整理する〉といった意味で用いられる場合、「テーブル」という語がメトニミーによって〈テーブルの上にあるもの〉を表している。

また、空間的な隣接の特殊なケースとして、部分と全体の関係にもとづくメトニミーがある。（2）における「扇風機」は、本来〈（機械）全体〉を表す「扇風機」という語が〈羽根〉という部分を表しているため、「全体→部分」という方向のメトニミーである。一方、（3）における「手」は、本来〈人間の体全体の部分〉を表す「手」という語を、〈人間の体全体〉を表すのに使っているため、「部分→全体」という方向のメトニミーである。

さらに、メトニミーには２つの出来事が時間的に隣接することにもとづく場合もある。

（4）この問題を前にして、頭を抱えてしまった。
（5）（お）手洗い　（（4）-（5）、p.45）

　（4）の「頭を抱える」は、〈困り果てる〉という精神状態と〈頭を抱える〉という動作が同時に生じることにもとづき、本来は動作を表す「頭を抱える」という表現で〈困り果てる〉という意味も表している。また、（5）が〈用便（するところ）〉という意味で使われるのは、〈用便〉と〈手を洗うこと〉が時間的に連続していることにもとづいている。

　その他に、2つの出来事が原因と結果の関係、モノとそのモノに関して行う典型的なコト（行為）の関係、作者と作品の関係、生産者と製品の関係にもとづく場合もある。

　（6）Aさんは<u>目に見えて</u>上達した。
　（7）やっと<u>レポート</u>が終わった。
　（8）<u>漱石</u>を読む。
　（9）<u>トヨタ</u>に乗っている。（（6）‒（9）、p.47）

　まず、2つの出来事が原因と結果の関係にあることにもとづくメトニミーについて見ると、（6）の「目に見えて」は、本来は〈視覚で捉えられる〉ことを表すが、ここでは〈はっきりとわかるほど〉という意味を表す。「目に見えて」がこのような意味を表せるのは、視覚で捉えられたのであれば、はっきりとわかると考えられるからである。つまり、〈視覚で捉えられる〉ことが原因、〈はっきりとわかる〉ことが結果という関係にあり、「目に見えて」は本来は原因を表すが、メトニミーによって結果を表すことができる。

　続いて、モノとコトの関係にもとづくメトニミーについて見ると、（7）の「レポート」は〈レポートを書くこと〉という意味に理解できるように、本来はモノを表す表現が、そのモノに関して行う典型的なコト（行為）を表すというものである。

　さらに、作者と作品の関係にもとづくメトニミーとは（8）のように、本来は作者を表す表現（「漱石」）で作品を表すというものであり、生産者と製品の関係にもとづくメトニミーとは（9）のように、本来、生産者（メーカー）を表す「トヨタ」ということばで、〈車〉という製品を表すというものである。

　また籾山（2010）は、メトニミーはフレームの観点から説明することもできると指摘している。例えば、上の（5）で見た「（お）手洗い」という表現を「トイレ」の

フレーム（「トイレに入る→排泄する→手を洗う→トイレから出る」）にもとづいて考えると、「（お）手洗い」で〈用便〉を表すというのは、「トイレ」のフレームにおいて、「手を洗う」ことから「排泄する」ことに焦点がずれる（シフトする）ことと考えられる（p.92）。

西村（2008）も、メトニミー表現の多くの生成と理解にはフレーム的知識が貢献していると述べ（p.81）、次のように説明している。

（10）a. I locked the door.
　　　b. I locked the room.
（11）a. He was locked in the cell for a week.
　　　b. She got angry and locked me out.
　　　c. Everything of value must be locked away.（（10）–（11）、p.83）

（10a）と（10b）の lock は、いずれも施錠という行為に関する一般的な知識（一種のフレーム）全体を喚起する点は共通しているが、そのフレームの中のどの面（施錠行為全体のどの段階）に焦点を合わせるかという点において異なっている。具体的には、〈（部屋などの）空間への（ドアなどの）出入口を閉鎖の状態に固定することによって、空間内へのアクセス、空間からの脱出等を阻止する〉というフレームのうち、（10a）の焦点がドアを閉鎖状態に固定する段階にあるのに対して、（10b）はその結果部屋が侵入または脱出不可能になる段階を焦点化している。また、（10b）では施錠フレームの中の（侵入、脱出等が不可能になるという）空間の状態変化に焦点が合わせられているのに対し、（11）では空間をそのような状態にすることによって達成される（人を空間内に閉じ込める、人を空間から閉め出す、貴重品を保管するという）目的に焦点が移っている。（11）では、施錠フレームの焦点化される局面が（10a）や（10b）と異なるものの、文の表す意味が十全に成立するにはフレーム全体の活性化が不可欠である。以上の lock の用法はいずれも、［Ⅰ〈空間への出入り口を閉鎖状態に固定する〉（e.g.（10a））……>[6] Ⅱ〈空間を外からのアクセスまたは中からの脱出が不可能な状態にする〉（e.g.（10b））……> Ⅲ〈人

6　矢印は因果関係または手段―目的の関係を表す。

18

やものを空間に閉じ込める、または空間から閉め出す〉（e.g.（11a-c））〕のⅠ-Ⅱ
間およびⅡ-Ⅲ間に手段と目的という関係[7]が成立する施錠フレームにもとづいてい
る（pp.83-84）。

3.3　シネクドキー（synecdoche）／提喩

籾山（2009）は、シネクドキーを次のように定義している。

> 本来はより一般的な意味を持つ形式を用いて、より特殊な意味を表す、あるい
> は逆に、本来はより特殊な意味を持つ形式を用いて、より一般的な意味を表
> すという比喩（p.28）

籾山（2019）はシネクドキーには、次の（12）のような広い意味から狭い意味に、
あるいは次の（13）のような狭い意味から広い意味にという2つの方向ががあると
述べている。

（12）花見に行く。（p.28）
（13）人はパンのみにて生きるにあらず。（p.29）

「花」という語は、本来は〈花一般〉、つまり〈植物が咲かせる（美しい）もの〉といっ
た意味を表すが、（12）では花の一種である〈サクラ〉を表している。また（13）の
「パン」は、もとの意味よりも広く〈食べ物一般〉、さらには〈（精神的なものに対する）
物質的な存在一般〉を表している（pp.28-29）。

以上のような認知言語学の基本的概念である「フレーム」と「比喩（メタファー、
メトニミー、シネクドキー）」を用い、第4章以降で感情を表す形容詞の意味を記述
する。

7　目的が手段によって実際に達成された場合には、因果関係の一種である。

第4章　〈喜〉の感情を表す形容詞

1. 本章の目的
　本章では、〈喜〉の感情を表す「おもしろい」と「おかしい」を取りあげ、それぞれの語の意味および両語の意味の類似点・相違点を明らかにする。

2.「おもしろい」の意味分析
　はじめに、「おもしろい」の意味を分析する。

2.1　先行研究の記述とその検討
　『基礎日本語辞典』は次のように記述している。

> ### おもしろい〔面白い〕
> ある事物の内容に接して興味がわき、楽しい気分になる状態。（p.266）

　上の意味記述に加え、「『君の意見はなかなか面白い』『面白い小説』『今日の試合はとても面白かった』に見られるように、その内容の全貌に接して、こちらが飽きることのない興味を覚える状態」（p.266）であり、「部分の総合としての全体を眺め、その組立てにおける興味の深さを考える。『面白い試合』は、試合運び、点の取り合い、駆け引きなどを含めた総合的な印象。『あまり面白くてやめられない』『途中から見たので、ちっとも面白くない』など、『面白い』は部分の積み重ねとして構成されていく感覚である」（p.266）と記述している。
　続いて『現代形容詞用法辞典』は次のように記述している[8]。

> ### おもしろい〔面白い〕[9]
> 【1】興味がわいて心が引かれる様子を表す。
> 　①毎日が**おもしろく**てしょうがない年ごろだ。
> 　②こうしてむだに生きていたって、ちっとも**おもしろい**ことなんかないんだ。
> 【2】【1】から進んで、好ましく望ましい様子を表す。
> 　①一生懸命やったが、結果は**おもしろく**なかった。

②業績不振を知って彼は**おもしろくない**顔をした。(pp.128-129)

『基礎日本語辞典』と『現代形容詞用法辞典』の意味記述から、「おもしろい」は興味がわくことによって生じる感情であると考えられる。しかし、『基礎日本語辞典』の意味記述を見ると、「たのしい」を介して「おもしろい」の意味を説明しており、「おもしろい」の意味が明らかにされているとは言いがたい。

また『基礎日本語辞典』は、「おもしろい」は「部分の総合としての全体を眺め、その組立てにおける興味の深さを考える」と記している。しかし、次の(1)のように、部分と全体との関係から「おもしろい」と感じているとは考えられないものも見られる。

(1) 秋のある日、庭の隅の地上で変な物体を見つけた。大きさは五ミリほどで、あちこちにバラバラと散らばっている。見つけたときにはこのあたりに茂っている植物の落下した種だろうと思い、いずれにしてもおもしろい形をしているので、カメラでねらってみることにした。
　　ファインダーをのぞきながら、こんな植物の種はこれまで見たことがない、と思いながら撮影しているうちに、突然はっと思いついて、その物体の正体が判明した。　　　　　　　　　　　　　（中日新聞、2007年3月13日）

8　現代語の意味が詳述されている『学研国語大辞典　第二版』と『大辞林　第四版』の記述も、『現代形容詞用法辞典』と大きく異ならない。『学研国語大辞典　第二版』は「おもしろい」の意味を次のように記述している。なお、例文は辞書にあげられているものの中から一部を記述する。他ページで『学研国語大辞典　第二版』の記述を取りあげる際も同様にする。
　　おもしろい〔面白い〕
　　①ふつうとちがっていて笑い出したくなるようすである。こっけいである。
　　　「—・い顔をしている」「この映画は—・い」
　　②楽しくて、つい夢中になってしまうようすである。
　　　「パーティーは—・かった」
　　③変化があって、たいくつしない。興味をそそられる。
　　　「鴎外の小説では史伝が—・い」
　　④思うとおりで好ましい。参否定形で使うことが多い。
　　　「この二三日、母の容体の—・くないことは知っていたので、靴を脱ぎ乍ら、僕は気になった〈永井龍・胡桃割り〉」(p.260)
9　以下、『現代形容詞用法辞典』の例文を取りあげる際は記述されている例文の一部を記す。また、ふりがなはふらないこととする。

（1）は「こんな植物の種はこれまで見たことがない」という表現から、「これまで見たことがない」種の形に対して「おもしろい」と感じている。（1）は種の組立てなどへの興味深さを「おもしろい」と表現しているとは考えられないため、「おもしろい」という感情は、部分と全体の関係以外の要因によっても生じると考えられる。

　以上の先行研究の記述とその検討をふまえ、「おもしろい」の意味を分析する。

2.2　「おもしろい」の意味分析
2.2.1　意味1：〈新しい発見に〉〈気持ちが引きつけられる〉〈さま〉

　次の4つの例をご覧いただきたい。

（2）この本は漢字の家族や仲間とそのつながりを、絵を交えてとっても分かりやすく紹介しています。「へえー、漢字っておもしろいな！」という、新しい発見もきっとあるに違いありません。

　　　　　　　　　　（土屋秀宇『石井式　なるほど！漢字ワールド』PHP研究所、p.2）

（3）秋のある日、庭の隅の地上で変な物体を見つけた。大きさは五ミリほどで、あちこちにバラバラと散らばっている。見つけたときにはこのあたりに茂っている植物の落下した種だろうと思い、いずれにしてもおもしろい形をしているので、カメラでねらってみることにした。

　　　ファインダーをのぞきながら、こんな植物の種はこれまで見たことがない、と思いながら撮影しているうちに、突然はっと思いついて、その物体の正体が判明した。　　　　　　　　　　　　　　　　　　　　　　　　　　　　（＝（1））

（4）「そうなんですか！　これはおもしろい。杜甫が土のなかの家で生まれたとは、知らなかったなあ」　　　（BCCWJ、LBa9_00113『李杜の国で』）

（5）二人は中華街をそぞろ歩いた。中国の雑貨屋は見るだけでも面白いものである。つい時間を忘れて見入ってしまいそうになる。

　　　　　　　　　　　　　　　　　　　　（木山深晴『ゆれる想い』文芸社、p.51）

　（2）は漢字に関する「新しい発見」をすること、（3）は「これまで見たことがない」形の種を見ること、（4）は杜甫について新しい情報を得ることで「おもしろい」と感じている。このように、（2）から（4）の「おもしろい」という感情は新しい発

見によって生じている。さらに (5) の「中国の雑貨屋」を「おもしろい」と感じ、「つ
い時間を忘れて見入ってしまいそうになる」というのは、新しい発見に気持ちが引
きつけられるさまを表している。

　以上から、「おもしろい」の意味1は〈新しい発見に〉〈気持ちが引きつけられる〉
〈さま〉と言うことができる。

2.2.2　意味2：〈展開が予測できない事柄に〉〈夢中になる〉〈さま〉

　次の4つの例をご覧いただきたい。

(6)　〈野球は8対7の試合が一番面白い〉とは、よく言われることだ。はっきりし
　　　ないが、元米大統領F・D・ルーズベルトの言葉だとも伝えられる。
　　　ある程度、点の取り合いがあった方が面白いのは確かだ。けれど、同じ両
　　　軍で十五点入るのでも13対2ではつまらない。つまり、見て「面白い」勝負
　　　のポイントはやはり、一点差の「接戦」にあるということだろう。
　　　　　　　　　　　　　　　　　　　　　　（中日新聞、2010 年7月14日）

(7)　物語や小説というものは何故面白いのだろう。外山滋比古『思考の整理学』
　　　を読んでなるほどと思ったのだが、物語の面白さはその多義性にある、とい
　　　うことなんだと思った。どんな物語、小説でも文字通り書かれているそのお
　　　話の背後に、別の何かが隠れている。だから一つの物語を読むことで、私
　　　たちは二つの世界、あるいはもっとたくさんの世界に入っていくことが出来る
　　　ということになるわけだ。
　　　　　　（http://www.honsagashi.net/bones/2010/02/post_1729.html）

(8)　「ゴルフの欠点は、面白すぎることだ」と言った有名なプロゴルファーがいた
　　　が、全くそのとおり、面白くて止められないでいる。それは、ゴルフ場の中に、
　　　隠れた落とし穴がたくさんあるからであろう。美しいゴルフ場ほど、落とし穴
　　　は見事に出来上がっている。
　　　　　　　　　　　　　（喜多村洋子『ハミングにのせ』文芸社、p.231）

(9)　ふと思い立って荷風の『断腸亭日乗』を読み始めた。
　　　ちょっとつまみ食いするつもりで読み始めたところが、ああ、面白い面白い、
　　　すっかり夢中になってしまった。（林望『日本語の磨き方』PHP 研究所、p.134）

まず（6）から（8）を見ると、（6）は「一点差の『接戦』」で、どちらのチーム
が勝つかわからない試合を見ること、（7）は物語や小説には「文字通り書かれてい
るそのお話の背後に、別の何かが隠れている」こと、（8）は「隠れた落とし穴がた
くさんある」ゴルフ場でプレーすることに「おもしろい」と感じている。よって、（6）
から（8）は試合の内容、物語や小説の内容、ゴルフ場でのプレーの内容がどのよ
うな展開になるのか予測できないため、試合を見たり、物語や小説を読んだり、ゴ
ルフをすることに「おもしろい」と感じている。また、（8）ではゴルフが「面白くて
止められないでいる」とあり、（9）ではある小説を「おもしろい」と感じ、「すっか
り夢中になってしまった」とある。よって、「おもしろい」は展開が予測できない事
柄に夢中になるさまを表していると言うことができる。

　以上から、「おもしろい」の意味2は〈展開が予測できない事柄に〉〈夢中になる〉
〈さま〉と記述できる。

2.2.3　意味3：〈思い通りの結果が得られ〉〈気持ちが満たされる〉〈さま〉

　次の3つの例をご覧いただきたい。

（10）石飛礫は、おもしろいように命中した。
　　　木々の枝をつたわったり、木蔭に隠れたりしながら、佐助は、おもうさま
　　　に角兵衛を翻弄した。これまでの鍛錬が、これほどに物をいうとは、おもっ
　　　てもみなかったことで、最初の石飛礫を投げたときの緊張は、たちまち痛
　　　快に変わった。　　　　　　　　　　（BCCWJ、OB2X_0016『真田太平記』）
（11）ビジネスはやるほど結果が出るから面白くて、恋とか結婚とかには、あまり
　　　目がいかなかったんです。
　　　　　　　　　　　　　（大橋清朗『ずっと一緒にいたい人』PHP研究所、p.69）
（12）グループ活動はたしかに入る時もやめる時も自由であり、それを引き止め
　　　る権力もなければ、拘束もない、自由性がある。それ故にそれぞれの責
　　　任ある行動や、協力が求められていくものなのだが、自由性だけが一方通
　　　行していく傾向にある。おもしろくない、楽しくないという表現もさまざま
　　　で、一人ひとりちがう。多くは自分の描いていたイメージとかけ離れていた
　　　場合や、思い通りにならなかったという不満が、おもしろくないという形で

現われてくるようである。

（森川貞夫『地球に生きるスポーツクラブ』国土社、p.38）

　まず（10）と（11）を見ると、（10）の「おもしろいように命中した」というのは、石飛礫がねらった通りのところへ当たったことを表しており、（11）はやればやるほど思うような結果が得られることに「おもしろい」と感じている。よって（10）と（11）は、思い通りの結果が得られることに「おもしろい」と感じている。また（12）のように、思い通りの結果が得られず「不満」に感じることは「おもしろくない」と表現されていることから、ここでの「おもしろい」は、思い通りの結果が得られ、気持ちが満たされるさまを表している。

　以上から、「おもしろい」の意味3は〈思い通りの結果が得られ〉〈気持ちが満たされる〉〈さま〉である。

2.2.4　3つの意味の関連性について

　意味1から3は、ある対象に好奇心を抱くことに関するフレームの中の、異なる段階を焦点化していると考えられる。好奇心を抱くことに関するフレームとは、①ある対象を発見し、それに気持ちが引きつけられる。②その対象がどのように展開していくのかに興味がそそられ、夢中になる。③その展開が自身の予測と同じであり、思い通りの結果が得られたことで気持ちが満たされる、のように考えられる。

　意味1（＝〈新しい発見に〉〈気持ちが引きつけられる〉〈さま〉）は、①今まで知らなかった新しい発見によって好奇心がかき立てられ、その対象へ気持ちが引きつけられる段階を表している。

　意味2（＝〈展開が予測できない事柄に〉〈夢中になる〉〈さま〉）は、②その対象がどのように展開していくのかに興味がそそられ、その成り行きに夢中になる段階を表している。

　さらに、意味3（＝〈思い通りの結果が得られ〉〈気持ちが満たされる〉〈さま〉）は、③その展開が自身の予測と同じであり、思い通りの結果が得られたことで満足感を得ている段階を表している。

　よって、意味1から意味3は単一の共通フレームを喚起し、そのフレーム内の互いに異なる段階を焦点化しているため、メトニミーにもとづく関係が成立している。

3.「おかしい」の意味分析

次に「おかしい」の意味を分析する。

3.1　先行研究の記述とその検討

『基礎日本語辞典』は「おかしい」の意味を次のように記述している。

おかしい

普通と異なる状況に接して心の緊張がほぐれ、笑いたくなるような気分である
状態をいう。(p.228)

上の意味記述に加え、「おかしい」に次の3つの説明がされている (pp.228-
229)。

・外面に現れた様子、表情、態度、しぐさ、言葉、口調、格好などが、普通と
　異なるところから生じる罪のない笑いを誘う感情で、かなり本能的、生理的現
　象に近い。
・ある事物が一般の様子と異なるために、常に人々を笑わせる状態である場合、
　そのおかしさは、その事物の持つ特徴の一つとなる。
・一風変わっていること、に通じる。

続いて、『現代形容詞用法辞典』は、次の2つの意味を記述している[10]。

おかしい〔可笑しい〕

【1】笑いたくなるように滑稽な様子を表す。

　　①昨日の喜劇の**おかしかった**こと。

10　『学研国語大辞典　第二版』や『大辞林　第四版』の記述も『現代形容詞用法辞典』と大きく異な
　　らない。『学研国語大辞典　第二版』は「おかしい」の意味を次のように記述している。
　　おかしい〔可笑しい〕
　　①〔矛盾があったりして〕笑いたくなる気持ちである。こっけいである。
　　　「昭子はそれが―・いと云って、子供のような笑い声を立てた〈芥川・秋〉」
　　②普通とちがっている。かわっている。変である。
　　　「あいつ、すこし頭が―・いんだ〈大仏・風船〉」
　　③〔態度・行動などが〕いぶかしい。あやしい。
　　　「あの娘は運転手と―・い(＝特別ナ関係ガデキテイルヨウダ)」
　　④〔俗〕ばかばかしい。
　　　「こんな芝居なんか―・くてできないよ」　(p.223)

26

②私の途中でにやにや笑うなんて、何が**おかしい**。

【2】人や物事が普通でなく、不審な様子を表す。

①昨夜からどうも様子が**おかしい**と思っていました。

②あの場にいた君が知らないなんて**おかしいぜ**。(pp. 99-100)

『現代形容詞用法辞典』は、【1】の意味について「おかしい」が指す笑いは本能的・生理的で、意識せずにこみあげてくるような場合が多く、(2)の意味についてはどのように普通でないかによって、さまざまの意味を表すと述べている(p.100)。

『基礎日本語辞典』と『現代形容詞用法辞典』の記述から、「おかしい」には〈本能的に笑いたくなる〉〈さま〉という意味がある一方で、マイナスの意味があることがわかる。

また、『基礎日本語辞典』は「おかしい」という感情は、「外面に現れた様子、表情、態度、しぐさ、言葉、口調、格好などが、普通と異なるところから生じる」と説明しているが、次の(13)のように、外面に現れた様子などから「おかしい」と感じているとは考えられないものも見られる。

(13) どういうはずみか、「発毛の真実と喜びを伝えるために…」というCMの謳い文句が「脱毛の真実と喜びを伝えるために…」と聞こえてしまった。たぶん疲れていたんだろうが、逆説的に意味がピッタリはまってしまったのがおかしくて、眠い目をこすりながら、けっこう長いこと、ひとりでウケた。

(竹村依孫『真夜中の羊の旅』自費出版、p.65)

(13)では「逆説的に意味がピッタリはまってしまった」とあるように、表現上は一見矛盾しているが、その意味を考えるとぴったりと合うことに「おかしい」と感じている。このように、「おかしい」と感じる対象は外面に現れたものに限られないと言うことができる。よって、(13)のような表現も含め、「おかしい」の意味を分析する必要がある。

以上の先行研究の記述とその検討をふまえ、「おかしい」の意味を分析する。

3.2 「おかしい」の意味分析

3.2.1 意味1：〈ある物事が通常の状態と異なっていることに〉〈笑いがこみあげてくる〉〈さま〉

まず、次の3つの例をご覧いただきたい。

(14) 新学期の始まりは、いつもぎこちなく照れくさい感覚に包まれてしまう。クラスメートとたかだか一ヶ月ちょい会わないだけなのに、髪形が変わっていたり、色が黒くなっていたり、背が伸びていたりして、誰もが少しずつ変化しているからだ。特に女の子たちは僕ら男子より変化が顕著で、雅也はともかく冷静沈着な学級委員の春彦や、がき大将の竜太郎がドギマギしているのが、僕はおかしくてたまらなかった。

(宇都順子『レミとアミ』文芸社、p.87)

(15) がらんとした食堂に大きな鍋と一升ビンがおいてある。他に帆立の塩焼きらしいのと、ドンブリが並んでいるだけである。どうみても大衆食堂といった感じなのに、晩餐会などと大袈裟にいうところがおかしい。

(BCCWJ、LBf9_00215『流氷への旅』)

(16) どういうはずみか、「発毛の真実と喜びを伝えるために…」というCMの謳い文句が「脱毛の真実と喜びを伝えるために…」と聞こえてしまった。たぶん疲れていたんだろうが、逆説的に意味がピッタリはまってしまったのがおかしくて、眠い目をこすりながら、けっこう長いこと、ひとりでウケた。

(=(13))

まず(14)は、いつもは「冷静沈着な」友人や「がき大将の」友人が平静さを失い、「ドギマギしている」というように、友人たちの平静さを失った様子が普段の様子と異なっていることに、笑いがこみあげてくるさまを「おかしい」と言っている。続いて(15)は、通常は「大衆食堂」での食事会を「晩餐会」とは言わないのに、誇張して「晩餐会」と言っていることに「おかしい」と感じている。さらに(16)は、あることばが表現上は矛盾しているが、その意味を考えると、意外にもぴったりと合うことに「おかしい」と感じている。よって、(14)から(16)の「おかしい」は、ある物事が、書き手が考える通常の状態と異なっていることに、笑いがこみあげて

くるさまを表している。

　以上から、「おかしい」の意味1は〈ある物事が通常の状態と異なっていることに〉〈笑いがこみあげてくる〉〈さま〉である。

3.2.2　意味2：〈ある物事が通常の状態と異なっていることに〉〈正常ではないと感じる〉〈さま〉

続いて次の4つの例をご覧いただきたい。

（17）コインを入れる。出てきた罐ジュースを一気に飲み干す。もう一本飲もうとふと下を見ると、まだコインを入れてもいないのに、取り出し口にジュースがある。おかしい…。　　　　（BCCWJ、LBm9_00151『囚人狂時代』）

（18）やっぱり、この少年は頭がおかしいのかもしれない。やまびこに魔法をならっているなんて、まともな人間のいうことじゃない。

　　　　　　　　　　　　　　（BCCWJ、LBan_00009『長崎源之助全集』）

（19）科学の対象にならない真理はたくさんあるのに、科学的でないから真理ではないなどというような誤った考えが時折言われるのはおかしい。科学的思考は人間の思考の一部の方法に過ぎないのである。

　　　　　　　　　　（井口潔『ヒトにとって教育とはなにか?』文芸社、p.121）

（20）平均寿命が延びて、このところ、痴ほうが大きな問題になっている。昔は、痴ほうになる前に多くの人があの世に行ってしまったから、痴ほうになる人は少なかった。しかし、平成十六年発表のデータで、日本人の平均寿命は、男性が七八・三六歳、女性は八五・三三歳になった。すべての人が、「あなたも痴ほうになる可能性がありますよ」と告げられてもおかしくない。喜んで良いのか、悲しむべきなのか……。

　　　　　　　　　　　　（秋山紀勝『ええからかん人生』文芸社、p.25）

　まず（17）は、自動販売機に「まだコインを入れてもいないのに、取り出し口にジュースがある」ことに「おかしい」と感じている。続いて（18）は「やまびこに魔法をならっている」と発言する少年に対して「頭がおかしい」と感じており、（19）は書き手の考えとは異なる「誤った考え」に対して「おかしい」と感じている。よっ

て（17）から（19）は、ある物事が、書き手が考える通常の状態と異なり、好ましくない状態にあることに「おかしい」と感じている。

　また、（18）では「頭がおかしい」と感じ、「まともな人間のいうことじゃない」と言っていることから、「おかしい」は、ある物事が通常の状態と異なっていることに、正常ではないと感じるさまを表している。さらに（20）のように、ある人の発言が、書き手が依拠するデータの結果と異なるものではなく、正常であると感じられる場合には「おかしくない」と表現されている。

　以上から、「おかしい」の意味2は〈ある物事が通常の状態と異なっていることに〉〈正常ではないと感じる〉〈さま〉である。

3.2.3　2つの意味の関連性について

　意味1（＝〈ある物事が通常の状態と異なっていることに〉〈笑いがこみあげてくる〉〈さま〉）と意味2（＝〈ある物事が通常の状態と異なっていることに〉〈正常ではないと感じる〉〈さま〉）は、〈ある物事が通常の状態と異なっていることに〉よって生じる感情という共通点が存在する一方で、異なる点も存在する。よって、意味1と意味2は類似の関係にあると言うことができ、意味2は意味1からメタファーによって成り立っていると考えられる。

4.「おもしろい」と「おかしい」の相違点について

　「おもしろい」と「おかしい」の相違点については先行研究で十分に議論されているため、先行研究の記述を検討することにより、両語の意味の違いを確認する。

　『基礎日本語辞典』は、「おかしい」は事物の一時的で表面的な状況から受ける感情であるのに対し、「おもしろい」は事物の内容が人に興味を与える状態で、情的よりも知的な作用であり、プラス評価の語であると指摘している（p.229）。

　『現代形容詞用法辞典』も、「おもしろい」には興味深さが暗示されており、知的な興味が感じられる表現になっているが、「おかしい」はただ滑稽で笑いをさそう様子を暗示し、興味深いというニュアンスはないことが多いという違いがあると述べている（p.99）[11]。

11　『ちがいがわかる類語使い分け辞典』においても、同様の指摘がされている（p.100）。

　先行研究で記述されているような、「おもしろい」は「知的な興味が感じられる表現」で「プラス評価の語」であるのに対し、「おかしい」は「ただ滑稽で笑いをさそう様子を暗示し、興味深いというニュアンスはないことが多い」という指摘が妥当であることは次の（21）によって確認できる。

（21）「そうなんですか！　これはおもしろい（?? おかしい）。杜甫が土のなかの
　　　家で生まれたとは、知らなかったなあ」　　　　　　　　　　（＝（4））

　（21）の「おもしろい」は、〈新しい発見に〉〈気持ちが引きつけられる〉〈さま〉（意味I）を表し、ある対象への知的な興味深さが示されている。この「おもしろい」を「おかしい」に置き換えると不自然な表現となる。その理由は、「おかしい」は〈笑いがこみあげてくる〉〈さま〉を表すのであり、ある対象への興味深さは表さないため、「おもしろい」を「おかしい」に置き換えることができないと考えられる。
　以上から、「おもしろい」はある物事に対する知的な興味を表し、プラス評価の語であるのに対して、「おかしい」は興味深いという意味を表さないという違いがあると言うことができる。

第5章　〈哀〉の感情を表す形容詞

1．本章の目的

　本章では〈哀〉の感情を表す「かなしい」「さびしい」「わびしい」を取りあげ、それぞれの語の意味分析を行うとともに、それらの意味の類似点および相違点を考察する。

2．「かなしい」の意味分析 [12]

2.1　先行研究の記述とその検討

　『基礎日本語辞典』は「かなしい」の意味を次のように記述している。

　　かなしい〔悲しい〕
　　不幸な状況に接し、心が痛む気持ちである場合に使うが、そのような気持ちを人々に起こさせる事物にも言う。(p.331)

　続いて、『学研国語大辞典　第二版』は次のように記述している [13]。

　　かなしい〔悲しい・哀しい〕
　　①〔自分の無力や不幸を痛感して、あるいは他人の不幸に同情して〕胸がきつ

12　『使い方の分かる類語例解辞典』は、「かなしい」には「悲しい」と「哀しい」という漢字表記があるとし、「悲しい」は「好ましくない事態に接し、心が痛むさま」を表し、「哀しい」は「かわいそうで哀れに思う気持ち」を表すと記述している (p.246)。しかし、実例を見ると、必ずしも漢字表記の違いによって意味が異なると言うことはできない。
　　（例）側に行って「昌太」と言って首を撫でたら冷たかった。やはり本当に死んでしまったのだ。とても哀しかった。涙が出そうになったが我慢をした。
　　　　　　　　　　　　　　（BCCWJ、LBm7_00032『ターキーの気まぐれ日記』）
　　上の例は、かわいがっていた馬が死んだことに「哀しい」と感じている。これは『使い方の分かる類語例解辞典』の言う「好ましくない事態に接し、心が痛むさま」を表し、「かわいそうで哀れに思う気持ち」を表しているとは考えられない。このように、「かなしい」の漢字表記の違いが必ずしも「かなしい」の意味の違いに対応しているとは考えられないため、本書では「かなしい」の意味の違いと漢字表記の違いが関係しているとは考えず、「かなしい」の意味を分析する。
13　『大辞林　第四版』と『現代形容詞用法辞典』の記述も『学研国語大辞典　第二版』の記述と大きく異ならない。『大辞林　第四版』は次のように記述している。
　　かなしい〔悲しい・哀しい〕
　　心が痛んで泣きたくなるような気持ちだ。つらい切ない。
　　「母に死なれて—・い」「誠意が通じなくて—・い」(p.540)

くしめつけられて、泣きたくなるような気持ちだ。

「時々わかったかわかったかと念をおして聞かれるが、大方それがよく分らぬ
ので妙に―・かった〈寺田・随筆集〉」

②胸がしめつけられて泣きたくなるような気持ちを起こさせる。あわれだ。

「新しきインクのにほひ栓抜けば　飢ゑたる腹はらに　沁しむが―・しも〈石
川啄木・歌〉」(p.363)

　上述のように、『基礎日本語辞典』は「かなしい」の意味を「不幸な状況に接し、
心が痛む気持ちである」、『学研国語大辞典　第二版』は「胸がきつくしめつけら
れて、泣きたくなるような気持ちだ」と記述している。

　次の(1)のように、父母、兄弟などの親しい人を失ったことで「かなしい」とい
う感情が生じる場合、『基礎日本語辞典』や『学研国語大辞典　第二版』の記述
で「かなしい」の意味を説明できる。しかし、次の(2)のように、書き手がやる
べきであると考えていることを不動産・建設業界がやろうとしないことに「かなしい」
と感じている場合、「かなしい」は「心が痛む気持ち」あるいは「胸がきつくしめつ
けられて、泣きたくなるような気持ち」というような強いマイナスの感情を表してい
るとは考えられない。よって、「かなしい」の意味記述について再度検討する必要が
ある。

(1)　世の中に、なにが悲しいといって、父母、兄弟、姉妹、そのほか親しい人
　　 たちを失うことぐらい悲しいものはありません。

　　　　　　　　　　（森岡美子『萬葉集物語』冨山房インターナショナル、p.99）

(2)　物理的・経済的に耐用年数の長い優良な社会資産を築き、暮らしやすく文
　　 化度の高い街を形成していくなど、不動産・建設業界には、もっともっと、
　　 やるべきことがたくさんあるはずです。私にいわれなくとも、こんなこと、個
　　 人レベルでは業界のだれもが気づいていること。しかし悲しいかな、そんな
　　 当たり前が当たり前でないのが、まだまだ業界の常識、なのです。

　　　　　　　　　　（BCCWJ、PB53_00485『住宅購入学入門』）

以下では先行研究の記述とその検討をふまえ、「かなしい」の意味を分析する。

2.2 「かなしい」の意味分析

次の 3 つの例をご覧いただきたい。

(3) 世の中に、なにが<u>悲しい</u>といって、父母、兄弟、姉妹、そのほか<u>親しい人</u>
<u>たち</u>を失うことぐらい悲しいものはありません。　　　　　　（＝（1））

(4) 女の子にとって髪はすごく大切。<u>どんどん抜けていく</u>悲しい気持ち、わから
ないでしょう。　　　　　　　　　　　（中日新聞、2008 年 8 月 5 日）

(5) 私は結婚相手を探そうとまじめに合コンに参加したのですが、<u>いい加減な態</u>
<u>度に接して</u>悲しい思いになりました。

　　　　　　　　　　　（吉良友佑『お見合い 1 勝 99 敗』PHP 新書、p.85）

　まず（3）と（4）を見ると、（3）は父母、兄弟などの「親しい人たちを失う」こと、（4）
は大切な髪の毛が「どんどん抜けていく」ことに「かなしい」と感じている。よって（3）
と（4）は、大切なものを失うことによって「かなしい」と感じていると言うことができる。
続いて（5）を見ると、合コンでまじめに結婚相手を探したいという書き手の思いと
異なり、他の参加者が「いい加減な態度」であったことに「かなしい」と感じている。
先程見た（3）と（4）の大切なものを失うというのも、失いたくないという書き手
の思いに反して大切なものを失うことであるため、（3）から（5）は、書き手の思い
と異なる良くない事態に「かなしい」と感じていると考えられる。
　続いて次の 3 つの例をご覧いただきたい。

(6) いじめや、ひどい暴力があったら警察へも話してみよう。
　　どうしようもなく<u>悲しくて、落ちこんでしまったら</u>、いのちの 110 番に電話で
相談しよう。　　　　　　　　（小野垣義男『心のけんこう』文芸社、p.15）

(7) 私の幸せは突然に終わりを告げたんだ。<u>悲しくて悲しくて何をしてもやる気</u>
<u>が出てこなかった</u>。彼のことを思うといつも涙が流れた。

　　　　　　（長原千代・小百合ロメイ『Friends』文芸社、p.243）

(8) 本当に待っていてくれるだろうかとわたしは不安だった。病院の出入口のドア
のすぐ向こう側にいると思っていたので、姿が見えなかった時は<u>悲しくて気を</u>
<u>失いそうになった</u>。　　　　（村上龍『ピアッシング』幻冬舎文庫、p.111）

34

（6）に「悲しくて、落ちこんでしまったら」とあることから、「かなしい」は書き手の思いと異なる良くない事態に気持ちが沈むさまを表すと考えられる。また、（7）の「悲しくて悲しくて何をしてもやる気が出てこなかった」というのは、書き手の思いと異なる良くない事態に気持ちが沈み、何かをしようという積極的な気持ちが生じない状態を表している。よって（6）と（7）から、「かなしい」は、書き手の思いと異なる良くない事態に気持ちが沈むさまを表すと言うことができる。さらに（8）のように、書き手の思いと大きく異なる事態が生じた場合には受ける衝撃が大きく、気を失いそうになることもある。

（3）から（8）は書き手の身の上に起きたことに対して「かなしい」と感じているものであるが、次の（9）と（10）のように、他者の言動などに対して「かなしい」と感じているものも見られる。

（9）物理的・経済的に耐用年数の長い優良な社会資産を築き、暮らしやすく文化度の高い街を形成していくなど、不動産・建設業界には、もっともっと、やるべきことがたくさんあるはずです。私にいわれなくとも、こんなこと、個人レベルでは業界のだれもが気づいていること。しかし悲しいかな、そんな当たり前が当たり前でないのが、まだまだ業界の常識、なのです。（＝（2））

（10）私はエスカレーター校について、こんなふうに考えている。確かに、受験勉強とは無縁の青春を送れるというのは、素晴らしいことだ。ある大学の卒業資格を得る、ということだけが目的なら、付属中学に入るのもいいだろう。しかし、受験勉強をせずに大学に入れる、というメリットばかりが強調されることには、私としては抵抗を覚える。ラクをして大学に入る、ということしか眼中にない青春というのは、哀しいものだ。

目標があれば、そのために努力する。それが自然な生き方だろう。何か目標があり、そのために大学に入りたいというのであれば、その分野の勉強をするのは当然のことだ。（BCCWJ、LBc9_00139『パパは塾長さん』）

（9）は文中に「不動産・建設業界には、もっともっと、やるべきことがたくさんあるはずです」とあるように、書き手がやるべきであると考えていることを不動産・建設業界がやろうとしないことに「かなしい」と感じている。続いて（10）は、書

き手は「目標があれば、そのために努力する」ということは「当然のことだ」と思っているため、書き手の考え方とは異なる「ラクをして大学に入る」という考え方に「かなしい」と感じている。よって、(9) と (10) の「かなしい」においても、書き手の思いと異なる良くない事態に気持ちが沈むさまを表している。(9) と (10) は、先程見た (3) から (8) のように書き手の身の上に生じたことに関して「かなしい」と感じているのではないため、気持ちの沈む程度が (3) から (8) に比べて低いと考えられる。

　さらに、次の 2 つの例をご覧いただきたい。

(11) 彼らヤンキーの多くは決して性格が曲がっているわけではない。むしろ真っ
　　　直ぐ、哀しいほど真っ直ぐなゆえ、一般には「摩擦」と呼ばれる現実に直
　　　角に激突してしまうのだ。しかしいかんともしがたい現実に彼らの真っ直ぐ
　　　は木っ端微塵に吹き飛ばされてしまう。そうして不器用なまでに現実と無謀
　　　な格闘を重ねていくにつれ、その美しい正中線は徐々に直線としての形状
　　　を保てなくなってしまうのだ。
　　　　　　　(中林あきお『泣き虫男、歩いて日本一周してきます』桝出版社、p.32)
(12) ルートヴィヒ二世が十九歳でバイエルン王に即位したとき、その輝くような
　　　美貌は、まさに地上に降り立った神のようだと讃えられた。その澄んだ瞳
　　　は哀しいまでに青く、目鼻立ちは女性のように整っていて、彼の乗った馬
　　　車が通ると、女たちは思わずうっとりと見とれたという。(中略)ワーグナー
　　　も彼を、「あまりに美しくて、夢のように消えてしまわぬかと心配だ。彼こ
　　　そ私の幸運のすべて。彼がもし死ねば、私も次の瞬間に死ぬ」と書き記し
　　　ている。
　　　　　　　(桐生操『世界史　怖くて不思議なお話』PHP 文庫、pp.213-214)

　まず (11) は、ある人たちの性格について「哀しいほど真っ直ぐ」であると表現している。書き手が好ましく感じている人たちの性格があまりに真っ直ぐであるため、現実に臨機応変に対応できず、現実と「直角に」あるいは「不器用なまでに」格闘してしまい、その結果「木っ端微塵に吹き飛ばされてしまう」といった良くない事態となることを「かなしい」と感じている。続いて (12) は、ある人の瞳について「哀

しいまでに青」いと表現している。文中に「あまりに美しくて、夢のように消えてしまわぬかと心配だ」とあるように、ある人の美しい瞳がこの世のものとは思えないくらい澄んだ青色であるため、夢のように消えてしまうといった良くないことが生じるのではないかと思い、気持ちが沈むさまを「かなしい」と表している。(11)と(12)のように、好ましく思っている人の身に良くないことが起きる、あるいは起きる可能性があるというのも書き手の思いと異なる良くない事態であり、そのことに気持ちが沈むさまを「かなしい」と表していると言える。

　以上から、「かなしい」の意味は〈思いと異なる良くない事態に〉〈気持ちが沈む〉〈さま〉と記述することができる。

3.「さびしい」の意味分析
3.1　先行研究の記述とその検討
　『基礎日本語辞典』は「さびしい」の意味を次のように記述している。

　さびしい〔寂しい・淋しい〕
　　あるべきものがそこになくて、心が満たされず楽しくない状態。(p.497)

　続いて、『学研国語大辞典　第二版』は次のように記述している[14]。

　さびしい〔寂しい・淋しい〕
　　当然そこにあるはずの対象が欠けていて、その対象を求めていながら、心が満たされないままの状態である。

14　『大辞林　第四版』と『現代形容詞用法辞典』の記述も、『学研国語大辞典　第二版』の記述と大きく異ならない。『大辞林　第四版』は次のように記述している。
　　さびしい〔寂しい・淋しい〕
　　①あるはずのもの、あってほしいものが欠けていて、満たされない気持ちだ。物足りない。さみしい。
　　　「彼の顔が見えないのは―・い」「タバコをやめると口が―・い」「ふところが―・い」
　　②人恋しく物悲しい。孤独で心細い。さみしい。
　　　「独り暮らしは―・い」「知らない土地で―・い生活を送る」
　　③人けがなくひっそりしている。心細いほど静かだ。さみしい。
　　　「―・い夜道」「山奥の―・い村」　(p.1111)

①ほしい物が得られず、物足りない。

「口が―・い（＝何カ口二入レル物ガホシイ）」「ふところが―・い（＝所持金
ガ少ナイ）」

②〔人に相手にされなかったり、相手になる人がそこにいなかったり、物事が
望ましい状態にならなかったりして〕心が満たされず、楽しい気分になれない。

「私は唯、松永さんがなぜ娘の事ならわたしに言って下さらなかったのかとそ
れを―・く思ったのです〈森本・女の一生〉」

③ひっそりしていたり、数が少なかったり、内容がとぼしかったりして、心細い。
にぎやかさがなく、気が滅入るようだ。

「人がまばらで―・い通り」「おかずが味噌汁と沢庵だけでは―・い」　（p.771）

　上述のように、『基礎日本語辞典』では「さびしい」は、あるべきものがそこに
ないことによって生じる感情であると考えられている。それに対し、『学研国語大辞
典　第二版』では、欠けている対象を求めることによって生じる感情であると考え
られている。このように、『基礎日本語辞典』と『学研国語大辞典　第二版』の記
述には違いがある。この点について次の（13）をご覧いただきたい。

（13）「横浜に働きに行ってくるからなあ、気を付けて元気でやれよお」と。私は
　　　返す言葉も見つからずに泣いてしまった。

　　　「つい先日、姉も東京へ出ていったばかりなのに、今度はおとうさんまでも
　　　いなくなってしまう」

　　　（中略）

　　　あのとめどもなく流した涙は、淋しさとの決別だったのか……。それ以来
　　　「淋しい」という言葉が自分の辞書から消えていた。淋しいと想っても仕方
　　　ない、とあきらめがついた。

　　　　　　　　　　　　　　　　（宗チヨ子『ミルキーウェイ』文芸社、pp.70-71）

　（13）は、父親や姉が家を出て行ったことに「さびしい」と感じている。しかし、
「淋しいと想っても仕方ない」とあきらめることにより、「『淋しい』という言葉が自
分の辞書から消えていた」と記されているように、父親や姉の存在を求めることを

やめたことで、「さびしい」という感情が消えたと考えられる。（13）から、「さびしい」という感情は、ある人がいなくなったことによって生じるのではなく、いなくなった人の存在を求めることによって生じるのであると考えられる。よって本書では、「さびしい」は、求めている物事が得られないことによって生じる感情であると考える。以上の先行研究の記述とその検討をふまえ、「さびしい」の意味を分析する。

3.2　「さびしい」の意味分析

次の3つの例をご覧いただきたい。

（14）私たちも行くと、六人の孫が勢揃いすることになる。ところが、遠慮があるのか、義母は義妹たちの子どもは抱くのに、うちの子どもには<u>手を差し伸べてくれないのである</u>。それが<u>寂しくて</u>、私は夫に<u>何度も不満を訴えた</u>。
（藤原千代美『幸せは桜色の春風に乗って』文芸社、p.43）

（15）ヘルパーさんが来てくれてパッパッパッとお風呂に入れてくれて、あるいは食事を作ってくれて、「あっ、三〇分経ちました。ここは三〇分になってます。つぎのところへ行かなきゃいけないから」と、<u>サッと帰っていかれるんです</u>。世話になる側としては「<u>もうちょっと居て、いっしょにお茶して、ちょっとお話して帰ってくれれば、私もすごーく気持ちが安らぐのに</u>」と、とくに一人暮らしの方は、<u>さびしい</u>んですね。
（堀田力『輝く人、支えるこころ』文屋、p.41）

（16）「横浜に働きに行ってくるからなあ、気を付けて元気でやれよお」と。私は返す言葉も見つからずに泣いてしまった。
「つい先日、姉も東京へ出ていったばかりなのに、今度はおとうさんまでもいなくなってしまう」
（中略）
あのとめどもなく流した涙は、淋しさとの決別だったのか……。それ以来「淋しい」という言葉が自分の辞書から消えていた。<u>淋しいと想っても仕方ない</u>、とあきらめがついた。
（＝（13））

まず（14）は、義母に我が子を抱いてほしいという書き手の思いに反し、義母が

「手を差し伸べてくれない」ことに「さびしい」と感じている。続いて（15）は、「もうちょっと居て、いっしょにお茶して、ちょっとお話して帰ってくれれば」とあるように、ヘルパーがもう少し長く家にいて、一緒にお茶を飲んだり、話をしたりしてくれることを求めているが、サッと帰って行くことに「さびしい」と感じている。よって（14）と（15）は、求めている物事が得られないことによって「さびしい」という感情が生じていると考えられる。

　また、（14）では「さびしい」という気持ちから「何度も不満を訴えた」とあり、（15）では「さびしい」が「気持ちが安らぐ」と反対の意味を表すものとして記されている。よって（14）と（15）から、「さびしい」は、求めている物事が得られないことに気持ちが満たされないさまを表している。さらに（16）のように、父親や姉に家に帰って来てほしいなどと求めることをやめれば、父親や姉が書き手のそばにいなくても「さびしい」という感情は生じないと考えられる。

　以上から、「さびしい」の意味は〈求めている物事が得られないことに〉〈気持ちが満たされない〉〈さま〉と言うことができる。

4．「わびしい」の意味分析
　さらに「わびしい」の意味を分析する。

4.1　先行研究の記述とその検討
　『基礎日本語辞典』は「わびしい」の意味を次のように記述している。

　わびしい[15]
　必要なものが極端に乏しく悪条件にあるため、悲しくつらく感じるほどの強い心細さ。また、そのような感情を与えるほどの、ひどくみすぼらしい状態。
　侘びしい……生活、暮らし、風景、格好　（p.498）

また、『学研国語大辞典　第二版』は次のように記述している[16]。

15　「わびしい」の漢字表記は掲げられていない。

わびしい〔侘しい〕

①心を慰めるものがなくてさびしい。心細い。

　「ここでまた夜を迎えるのかと思うと私は妙に─・かった〈原・夏の花〉」

②〔風景などが〕さびしくもの静かな趣きがある。

　「─・い秋雨模様の、ある日の夕ぐれに、〈近松・黒髪〉」

③貧しくみずぼらしい。

　「その時彼女の手から投げ出された紙包みの中からは二本の黒い箸がのぞい
　ていた。彼女がこのような日本的な─・い道具を手にして倒れたとは、〈小島・
　アメリカン…〉」（p.2121）

『基礎日本語辞典』では「わびしい」の意味説明に「かなしい」や「つらい」などが、『学
研国語大辞典　第二版』では「さびしい」や「こころぼそい」などが用いられており、「わ
びしい」の意味について明示されているとは言いがたい。よって、「わびしい」の意
味を再度検討する必要がある。

4.2　「わびしい」の意味分析

次の3つの例をご覧いただきたい。

（17）私はお茶漬けも大好きだし、その会社の製品も嫌いではない。しかしその
　　　コマーシャルに出て来る若者がお茶漬けを食べる姿が画面に現れると、私
　　　はテレビを切りたくなる。「粗暴」「礼儀しらず」「無教養」の権化のような
　　　振る舞いだからである。一人で食べるのだから仕方がないといえばそれま
　　　でだが、動物のようにお茶漬けをかっ込む姿は侘しい。
　　　　　　（曽野綾子『自分をまげない勇気と信念のことば』PHP研究所、p.195）

16　『大辞林　第四版』と『現代形容詞用法辞典』の「わびしい」の記述も『学研国語大辞典　第二版』
　の記述と大きく異ならない。『大辞林　第四版』は次のように記述している。
　　わびしい〔侘しい〕
　　①安らぎやうるおいがなく、つらくて心細い状態だ。孤独でさびしい。
　　　「─・い一人暮らし」
　　②みすぼらしい。貧しくて人に気の毒な感じを与える。
　　　「─・い住まい」
　　③静かでものさびしい。貧弱ではなやかさがない。
　　　「─・い景色」（p.2960）

（18）現代では、物さえもらえばよい、と思う女性もいるようですが、それは現代が物質によって愛情や人間の心が薄れているからです。時代の流れとはいえ、このまま行けばいったいどうなるのだろうか、と侘しい気がします。

（BCCWJ、LBi2_00004『謎の古代女性たち』）

（19）30女がビジネスホテルでテレビを見ながらコンビニごはん…本来はわびしい図式なのだが、気分は上々だった。

（いのうえちず・西中里美『沖縄ナビ』枻出版社、p.243）

　まず（17）を見ると、若者の「お茶漬けをかっ込む姿」が、人間が身につけているべき食事の礼儀作法にかなっておらず、「動物のよう」であることに「わびしい」と感じている。続いて（18）は、現代は「愛情や人間の心が薄れて」おり、「物さえもらえればよい」と思う女性がいることに「わびしい」と感じている。よって（17）と（18）は、書き手の考える人間の一般的な姿よりも、ある人のふるまいや考え方が劣っていることに「わびしい」と感じていると考えられる。また（19）は、一般的に30歳の女性はビジネスホテルでテレビを見ながらコンビニで買ったごはんを食べることはないという書き手の考えをもとに、そのような行為をしている書き手自身が一般的な30歳の女性よりも劣っていると思い、「わびしい」と感じている。以上から（17）から（19）は、一般的であると書き手が考える人間の姿よりも、ある人のふるまいや考え方などが劣っていることに「わびしい」と感じていると言うことができる。

　上の（17）から（19）は人間に関して「わびしい」と感じているが、人間以外の物事に関して「わびしい」と感じている例も見られる。

（20）TVの時代劇ドラマってどれもああいうものなのかなあ、予算がないから仕方がないのかなあ。衣裳、特に女の衣裳が、何だか安っぽくてわびしくはないですか？　素材までうるさく言う気はないが、色あいだけでも、もう少し深味があってもいいんじゃないかと思う。

（BCCWJ、LBn0_00017『へなへな日記』）

（21）サーカスというにしては、どう見たって間が抜けている。侘しいこと限りない。

（矢国銘『逝き給いし母なる国』文芸社、p.139）

（22）打ち捨てられた家の姿は惨めでわびしい。

　　　　　　　（小西重康『こんなふうに四国八十八ヶ所を歩いた』文芸社、p.93）

　まず（20）は時代劇のドラマで使われている、一般的な着物より質が悪いテレビドラマの衣裳に、続いて（21）は大事な要素が抜け、通常のサーカスよりも劣っていることに、さらに（22）は家が荒れ果てていることに「わびしい」と感じている。よって（20）から（22）は、ある物事が、書き手が考える一般的な着物、サーカス、家の水準より劣っていることに「わびしい」と感じていると言える。

　先程見た（17）から（19）は、一般的であると書き手が考える人間の姿よりも、ある人のふるまいや考え方などが劣っていることに「わびしい」と感じていたが、（20）から（22）はある物事が書き手の考える一般的な水準より劣っていることに「わびしい」と感じている。よって、（17）から（22）は、ある物事が一般的な水準より劣っていることに「わびしい」と感じていると言うことができる。

　さらに次の（23）をご覧いただきたい。

（23）独身時代、独りで自宅で酒を飲むわびしい生活を送っていたという伊藤。「家
　　　に帰ったら誰かがいるというのは、本当に潤いのある生活。『胃袋をつかめ』
　　　と言われるので、逃げられないように頑張ってます」と、料理に精を出し
　　　ている様子。　　　　　　　　　　　　　（京都新聞、2010 年 7 月 21 日）

　（23）は、「わびしい生活」と「潤いのある生活」が反対の意味を表すものとして用いられている。家に帰ったら誰かがいるという生活は精神的な充足感があるのに対し、「独りで自宅で酒を飲む」という生活は気持ちが満たされないさまを「わびしい」と表している。

　以上から、「わびしい」の意味は〈ある物事が一般的な水準より劣っていることに〉〈気持ちが満たされない〉〈さま〉と言うことができる。

5．「さびしい」と「わびしい」の類似点と相違点について

5.1　先行研究の記述とその検討

　『使い方の分かる類語例解辞典』は、「さびしい」と「わびしい」の共通の意味を

「心細く心が満たされない」とし、意味の違いについては、「さびしい」は「満たされない気持ちである、ひっそりとして心細い」という意味であるのに対し、「わびしい」は「心細く頼りない、あるいはみじめでやるせない」という意味であると記述している（p.247）。

　また、『現代形容詞用法辞典』は次の（24）をあげ、「さびしい」と「わびしい」の意味の違いについて、「さびしい」にある悲哀の暗示は「わびしい」には少なく、切実さの程度も「さびしい」より低いと述べている（p.607）。

（24）a. ＊最近ちっとも訪ねてくれないからわびしいわ。
　　　b. 最近ちっとも訪ねてくれないからさびしいわ。（p.607）

　まず、『使い方の分かる類語例解辞典』は、「さびしい」と「わびしい」の共通の意味と意味の違いの記述に「こころぼそい」を、また「わびしい」の意味記述に「やるせない」を用いているように、意味の類似した形容詞を介して記述しているため、共通の意味や意味の違いを十分に説明しているとは言いがたい。

　また、『現代形容詞用法辞典』は上の（24）をあげ、「さびしい」の方が「わびしい」よりも悲哀の暗示や切実さの程度が高いと述べている。しかし、「わびしい」は〈ある物事が一般的な水準より劣っていることに〉よって生じる感情であり、「さびしい」のように〈求めている物事が得られないことに〉よって生じる感情ではない。そのため、（24b）のように、ある人が訪ねてくれることを求め、それが得られないことに「さびしい」と表現することはできるが、（24a）のように「わびしい」と表現すると不自然な表現となる。このように、（24a）の容認度が低いのは、「わびしい」は求めている人が訪ねてくれないことによって生じる感情を表すのではないということに要因があると考えられる。よって、『現代形容詞用法辞典』のように、（24）から「さびしい」の方が「わびしい」よりも悲哀の暗示や切実さの程度が高いと言うことは難しい。

　以下では、「さびしい」は〈求めている物事が得られないことに〉よって生じる感情であるのに対し、「わびしい」は〈ある物事が一般的な水準より劣っていることに〉よって生じる感情であるという両語の意味の違いについて再度考察し、「さびしい」と「わびしい」の類似点および相違点を示す。

5.2　「さびしい」と「わびしい」の類似点と相違点について

（25）ひとりきりの侘しい（さびしい）食卓が、にわかに華やいでくるようだった。久しく忘れていた家庭の温もりである。
　　　何ということのない平凡な日常も、たったひとり、人間がくわわることで、まるで違った色彩へと変化していくことが新鮮だった。

（朝香れい『オンユアサイド』文芸社、p.177）

　（25）の「わびしい」（＝〈ある物事が一般的な水準より劣っていることに〉〈気持ちが満たされない〉〈さま〉）を「さびしい」（＝〈求めている物事が得られないことに〉〈気持ちが満たされない〉〈さま〉）に置き換えても、それを含む文の意味が大きく異ならない。このことから、「さびしい」と「わびしい」は、〈何かが欠けていることに〉〈気持ちが満たされない〉〈さま〉を表すという点で意味が類似していると言える。
　続いて次の 2 つの例をご覧いただきたい。

（26）行事の時、時間になるとご住職が帰るのは寂しい（??わびしい）。最後まで残ってご苦労さんと町の人に声をかけて欲しい。

（読売新聞、2005 年 11 月 20 日）

（27）打ち捨てられた家の姿は惨めでわびしい（??さびしい）。　　　（＝（22））

　（26）の「さびしい」を「わびしい」に置き換えると不自然な表現になる。（26）は、「最後まで残ってご苦労さんと町の人に声をかけて欲しい」と思っているが、それが叶わないことにより「さびしい」という感情が生じている。それに対し、「わびしい」は〈ある物事が一般的な水準より劣っていることに〉よって生じる感情であり、書き手の〈求めている物事が得られないことに〉よって生じる感情ではない。そのため、「さびしい」を「わびしい」に置き換えると不自然な表現になると考えられる。
　同様に、（27）の「わびしい」を「さびしい」に置き換えると不自然な表現になる。「さびしい」は書き手が〈求めている物事が得られないことに〉よって生じる感情であるため、「惨め」な家の姿に対して「さびしい」と表現すると不自然な表現になる

45

と考えられる。

　以上から、「さびしい」はある人が〈求めている物事が得られないことに〉よって生じる感情であるのに対し、「わびしい」は〈ある物事が一般的な水準より劣っていることに〉よって生じる感情であるという違いがあると言える。

6.「かなしい」と「さびしい」「わびしい」の類似点と相違点について

　「かなしい」と「さびしい」「わびしい」は、〈何かが欠けていることによって生じる感情〉であるという共通点はあるが、それ以外の点に関しては意味が類似しているとは言いがたい。「かなしい」については、先行研究でしばしば問題となる「つらい」との意味の違いについて第7章で考察する。

第6章　〈怖〉の感情を表す形容詞

I.　本章の目的

　本章では、〈怖〉の感情を表す「おそろしい」と「こわい」を取りあげ、それぞれの語の意味および両語の意味の類似点・相違点を分析する。

2.　先行研究の記述とその検討

　『基礎日本語辞典』は「おそろしい」と「こわい」の意味を次のように記述している。

> **おそろしい〔恐ろしい〕**
> 対象に対して身がすくみ、逃げたくなるような気分。(p.248)
> **こわい〔怖い　強い〕**
> ある状況や対象に対して、こちらが脅威や危険を覚える場合に用いる。(p.456)

　次に、『学研国語大辞典　第二版』を見ると、次のように記述している[17]。

17　『大辞林　第四版』と『現代形容詞用法辞典』の「おそろしい」と「こわい」の記述も、『学研国語大辞典　第二版』の記述と大きく異ならない。『大辞林　第四版』は次のように記述している。
　　おそろしい〔恐ろしい〕
　　①恐怖や畏敬の念を感ずる。
　　　「―・くて声も出せない」
　　②（将来のことを心配して）避けたい。警戒しなければならない。
　　　「いちばん―・いのは油断だ」「地震によるパニックが―・い」
　　③程度が並外れている。驚くほど立派だ。
　　　「―・く足の速い男」
　　④不思議だ。説明がつかない。
　　　「慣れとは―・いもので、静かな所ではかえって眠れない」(p.379)
　　こわい〔怖い・恐い〕
　　①危害を加えられそうで逃げ出したい感じだ。自分に危険なことが起こりそうで身がすくむ思いだ。
　　　「―・いもの見たさ」「―・い顔」「雷が―・い」
　　②悪い結果が予想されて不安だ。先行きが心配で避けたい。
　　　「相場は―・いから手を出さない」「今はいいが、あとが―・い」
　　③軽視できない。予想以上に大した力をもっている。
　　　「やはり専門家は―・い」「一念というのは―・いもので、とうとうやりとげた」(p.1039)

おそろしい〔恐ろしい〕

①恐怖を感じさせる。こわい。

「地獄変の屏風_{びょうぶ}と申しますと、私はもうあの―・い画面の景色が、ありありと眼の前へ浮んで来るような気が致します〈芥川・地獄変〉」

②驚くべきである。ぼんやりしてはいられない。

「そうなると―・いもので、物を云うにも思い切った言_{こと}は云えなくなる、〈伊藤左・野菊の墓〉」

③〔物事の程度が〕ふつうではない。はなはだしい。〔多く連用形「―・く」の形で副詞的に使う〕

「物価が―・い勢いで上がる」（p.238）

こわい〔恐い・怖い〕

強そうで、あるいは正体がはっきりしなくて、危害を加えられそうな気がする。また、結果が不安で、それをさけたい感じである。おそろしい。〔「おそろしい」よりも口語的でやや主観的〕

「―・い顔をする」「ばかほど―・いものはない」（p.719）

　　まず『基礎日本語辞典』は、「おそろしい」の意味は「対象に対して身がすくみ、逃げたくなるような気分」と記述している。身体の反応を介して意味を記述したのでは「おそろしい」の意味が明らかになったとは言いがたい。一方、「こわい」の意味は、「ある状況や対象に対して、こちらが脅威や危険を覚える場合に用いる」と記述しているが、「こわい」がどのような感情であるのかが不明瞭である。

　　続いて『学研国語大辞典　第二版』は、「おそろしい」の①の意味に「こわい」が、「こわい」の意味に「おそろしい」が記されていることから、両語の意味が類似していることが確認できる。また、『学研国語大辞典　第二版』の記述から、「おそろしい」には「恐怖を感じさせる」という意味の他に、「〔物事の程度が〕ふつうではない。はなはだしい」といった意味があることがわかる。しかし、「恐怖を感じさせる」という記述では「おそろしい」の意味を説明しているとは言いがたい。

　　よって、「おそろしい」と「こわい」の意味について再度検討する必要がある。以下で「おそろしい」と「こわい」の意味を分析する。

3.「おそろしい」の意味分析

はじめに「おそろしい」の意味を分析する。

3.1　意味1:〈深刻な打撃を与える物事を〉〈避けたいと強く感じる〉〈さま〉

次の3つの例をご覧いただきたい。

(1) エコノミークラス症候群は、狭い空間で長時間同じ姿勢でいるとふくらはぎ
　　の静脈に血栓がたまり、立ち上がった弾みに肺に血栓が詰まり、年齢に関
　　係なく時には死に至る恐ろしい症状です。　（読売新聞、2011年3月13日）

(2)（前略）実は、研究所のチンパンジーはあるウイルスに感染していたのです。
　　感染すると、その宿主を10秒ほどで怒り狂わせるという恐ろしいもので、
　　交通事故にあったジムが意識を失っていた間にイギリス全土に広がっていま
　　した。　　　　　　　　　　　　　　（読売新聞、2007年2月23日）

(3) 犬の群れは私達を見つけると、群れが全体で走ってきて取り囲むようにして
　　吠え立てた。私達は袋に入れた継竿を槍のように構えて、背中を寄せ合って、
　　吠える犬とにらみ合いながら、ゆっくり通り抜けるのだった。ひどく恐ろしく
　　て逃げ出したくなるのを我慢するのは大変だったが、走れば食い殺されると
　　きつく言われていたので必死に耐えた。

　　　　　　　　　　　　　　（江幡武『激流の中で』文芸社、p.83）

　まず(1)は、エコノミークラス症候群は「死に至る」可能性があることを、続い
て(2)はウイルスが宿主を「10秒ほどで怒り狂わせる」ことを、さらに(3)は犬
の群れに取り囲まれ、吠え立てられることで、かみつかれるなどの危害を加えられ
ることを「おそろしい」と感じている。よって、(1)から(3)は、ある物事によって
生命を脅かされることを「おそろしい」と感じていると言える。また(3)では、「恐
ろしくて逃げ出したくなるのを我慢するのは大変だった」とあるように、ここでの「お
そろしい」は、生命を脅かすような物事を避けたいと強く感じるさまを表していると
考えられる。

　続いて次の3つの例をご覧いただきたい。

（4）（前略）一度の火災で非常に高額の保険金支払いをしなければならない物件を、一社だけでかかえているというのは、保険会社にとって非常におそろしいことである。高層ビルが火災にあうという確率が、それほど大きなものではないとしても、万が一、火災が発生した場合は保険会社は倒産の危機に直面することになる。　　（柏木伸彦『保険業の回廊』文芸社、p. 9）

（5）「事故は一瞬で生活をめちゃめちゃにする。本当に恐ろしい」

（読売新聞、2010 年 8 月 13 日）

（6）大学生のとき夢見ていた「社会変革」の理想もすっかり信じられなくなり、将来の展望も何もみえないまま、塾でアルバイトをしていた二十代半ばのころ。夜アパートに一人でいるとき、とつぜん恐ろしくなってくる。「じぶんは、価値ある生き方にめぐりあうことなくこのまま死んでしまうのではないか」。そう思うとほんとうに恐ろしく、フトンのなかでぶるぶると震えていたことがある。　　（BCCWJ、LBk1_00035『哲学のモノサシ』）

　まず（4）と（5）を見ると、（4）は会社が「倒産の危機に直面すること」を、（5）は事故が「一瞬で生活をめちゃめちゃにする」ことを「おそろしい」と感じている。よって（4）と（5）の「おそろしい」は、倒産や事故といった、会社や生活に深刻な打撃を与える事態を避けたいと強く感じるさまを表していると言うことができる。また（6）は、「価値ある生き方にめぐりあうことなくこのまま死んでしまう」というのは、書き手にとって深刻な打撃を与えることであるため、避けたいと強く感じているさまを「おそろしい」と表している。以上から、（4）から（6）は、書き手に深刻な打撃を与える事態を避けたいと強く感じるさまを表している。

　先程見た（1）から（3）の「おそろしい」は、生命を脅かすような物事を避けたいと強く感じるさまを表していた。生命を脅かすような物事というのも、人に深刻な打撃を与える物事である。よって、（1）から（6）の「おそろしい」は、深刻な打撃を与える物事を避けたいと強く感じるさまであると言える。

　以上から、「おそろしい」の意味 I は〈深刻な打撃を与える物事を〉〈避けたいと強く感じる〉〈さま〉と言うことができる。

3.2 意味2:〈物事がもつ普通では考えられないような威力に〉〈驚異を感じる〉〈さま〉

次の3つの例をご覧いただきたい。

(7)（前略）足の骨にひびが入っていて、直前まで松葉杖を使っていた仲間が、コザックダンスの激しい足腰の動きを見事にこなして、楽しそうに飛んだり跳ねたり、宙返りをうったりしているではないか。何度もアンコールに応えた後、拍手喝采を受けながら意気揚々と舞台の袖に引き揚げてくる彼に、仲間たちが駆け寄った。

「大丈夫なの、足?」

「うん、それが、不思議なことに、全く痛くなかったんだよ」

そう言い終えたとたんに、顔を歪めて、倒れ込んだ。

「ああ、痛たたたたた」

舞台という名の「麻薬」が切れたのである。

それにしても恐ろしい、とその時思った。たかが学生のままごとみたいな舞台でも、これだけすさまじい力が舞台にはある。

(BCCWJ、PB39_00271『真昼の星空』)

(8) 心理学的に実証されているわけではありませんが、人間の直感というのはおそろしいもので、最初に感じたひらめきはとてつもない威力を持っています。

(中村一樹『大人のための最短・最速勉強法』PHP研究所、p.221)

(9) 個性溢れる人々の間に埋もれ、自分はまともなつもりでいた私自身が、実はおおいに影響を受けていたのです。影響を受けるだけではなく、持って生まれた性格が父にそっくりなのですから、これはもう逃れられない。生きる定めとでも申しましょうか。しかも年を重ねるにつれ、ますます父に似てくるのはどうしたことか。遺伝とは恐ろしいものです。

(BCCWJ、PB13_00211『阿川佐和子のお見合い放浪記』)

まず(7)は、足を痛めていても舞台に出演している間はその痛みを感じないというように、「すさまじい力が舞台にはある」ことに「おそろしい」と感じている。続いて(8)は、人間の直感が「とてつもない威力」を持っていることに「おそろしい」

と感じている。さらに（9）は、「年を重ねるにつれ、ますます父に似てくる」ことから「逃れられない」のは遺伝の力であると思い、遺伝の威力に「おそろしい」と感じている。よって（7）から（9）は、物事がもつ普通では考えられないような威力に「おそろしい」と感じていると考えられる。

　続いて次の例をご覧いただきたい。

（10）徳川の安泰は以後大政奉還の年まで267年。ここで又、驚くべき関係を発見する。
　　　鎌倉幕府滅亡の年から関ヶ原の1600年までが丁度267年とぴたり同数なのである。
　　　この恐るべき一致は一体何だというのだ。<u>絶句する</u>。幾多の人々が誰しも運命数を計算してなしたるわざではないのだ。1数も違わない、この一致があまりにも<u>恐ろしく</u>間違いであって欲しいとすら思う。まさに神でしかなし得ぬ技である。　　　　　　（菅原正道『縁数学の発見』文芸社、p.188）

　（10）は、徳川の安泰が続いた年数と、鎌倉幕府滅亡の年から関ヶ原の1600年までの年数が一致することに、普通では考えられないような強い力が働いていると思い、「おそろしい」と感じている。また、ここでの「おそろしい」は「絶句する」と同じような意味を表しており、信じられないような事柄に接し、言葉を失うほどの驚異を感じているさまを表していると考えられる。よって、ここでの「おそろしい」は、物事がもつ普通では考えられないような威力に驚異を感じるさまを表している。

　以上から、「おそろしい」の意味2は〈物事がもつ普通では考えられないような威力に〉〈驚異を感じる〉〈さま〉と言うことができる。

3.3　意味3：〈普通では考えられないほど〉〈程度が非常に高いと感じる〉〈さま〉
次の3つの例をご覧いただきたい。

（11）誤解を恐れずに言えば、いじめは今も昔もある。でも様態は<u>恐ろしく</u>様変わりしている。校門の向こうで何が起きているのか、<u>自分にはもう想像できなくなった</u>。　　　　　　　　　　　　　（中日新聞、2008年7月2日）

（12）「頭突きに誤審で、普通なら立ち直れない。女房と、こいつは<u>恐ろしい</u>精神力を持ってるって話すんだよ」　　　（読売新聞、2008年2月15日）

（13）源氏物語の中で、紫式部は<u>795首の歌を登場人物になり切って詠んでいます</u>。それぞれの人物の状況と才能に応じて「歌い分ける」という、<u>恐ろしい</u>ほどの技量を紫式部は持っていたわけです。

　　　　　　　　　　　　　　　　　　　（読売新聞、2008年5月2日）

　まず（11）は、文中に「自分にはもう想像できなくなった」とあるように、昨今のいじめの様態が、普通では考えられないほど大きく様変わりしていることに「おそろしい」と感じている。続いて（12）は、普通の人よりもはるかに強い精神力を持っていることを「おそろしい」と感じている。さらに（13）は、「795首の歌を登場人物になり切って」詠むというように、普通では考えられないほどの紫式部の優れた技量に「おそろしい」と感じている。よって（11）から（13）は、普通では考えられないほど程度が非常に高いと感じるさまを「おそろしい」と表している。

　以上から、「おそろしい」の意味3は〈普通では考えられないほど〉〈程度が非常に高いと感じる〉〈さま〉と言うことができる。

3.4　3つの意味の関連性について

　まず、「おそろしい」の意味1（＝〈深刻な打撃を与える物事を〉〈避けたいと強く感じる〉〈さま〉）と意味2（＝〈物事がもつ普通では考えられないような威力に〉〈驚異を感じる〉〈さま〉）の関係について考える。意味1の〈避けたいと強く感じる〉というのはマイナスの意味を表すのに対し、意味2の〈驚異を感じる〉というのはマイナスあるいはプラスの意味に限定されない、中立的な意味を表している。よって、マイナスに限定された意味（意味1）から、中立的な意味（意味2）へと拡張していると考えられるため、意味2は意味1からシネクドキーによって成り立っている。

　次に意味3（＝〈普通では考えられないほど〉〈程度が非常に高いと感じる〉〈さま〉）と意味2の関係について考える。意味2は、物事が有する力の強さの程度が、普通では考えられないほど高いと感じるさまを表している。それに対して、意味3は、程度が非常に高いと感じるさまを表し、意味2のように力の強さの程度に限定されていない。意味3では、意味2の意味の一部が消失し、〈普通では考えられないほ

53

ど〉〈程度が非常に高いと感じる〉という、より一般的な意味が表されている。よって、意味3は意味2からシネクドキーによって成り立っていると言うことができる。

4．「こわい」の意味分析

次に「こわい」の意味を分析する。

(14) 幼い子どもは、暗がりを怖いと思います。暗がりから「お化け」が出てくるかもしれないと思って「怖い」というエモーションが暗がりを避けさせるのです。　　　　　　　　　　（関口茂久『心理学入門』ふくろう出版、p.99)

(15) 輪島市の大工好枝さん（87）は昨年10月に地デジテレビに買い替えたが、リモコンのボタン数が多すぎると感じ、簡易なリモコンを電器店からもらって使っている。それでも、「音量と数字のボタン以外は怖いので押したことがない。データ放送ってお金がかかるんやろ？」と話し、誤解していた様子だった。　　　　　　　　　　　　（読売新聞、2011年6月24日）

(16) 「きょうは、いずれも走者をおいて王さんと当たったけど、ぼくはどんな場所で王さんと当たっても絶対に逃げません。そりゃ、王さんは恐いですよ。だけど、ぼくはいつも真向から勝負します。お客さんは、王さんの敬遠を見にわざわざお金を払って来てるんじゃないですからね」
　　　　　　　　　　（川上健一『サウスポー魂』PHP研究所、p.79)

まず（14）は、「暗がりから『お化け』が出てくるかもしれない」と思い、暗がりを「こわい」と感じている。続いて（15）は、リモコンの音量と数字以外のボタンを押すと、料金を払わなければならないと思い、リモコンの音量と数字以外のボタンを押すことを「こわい」と感じている。このように（14）と（15）は、お化けが出る、あるいは料金を払わなければならないというような、書き手にとって良くない事態を引き起こす物事を「こわい」と感じている。

さらに（16）では、投手である話し手にとって、打者に痛打されるというのは良くない事態であり、その良くない事態を引き起こす可能性の高い人物（王さん）のことを「こわい」と感じている。

以上から、「こわい」の意味は〈良くない事態を引き起こす物事を〉〈避けたいと

感じる〉〈さま〉と言うことができる。

5.「おそろしい」と「こわい」の類似点と相違点について

　分析結果をもとに、「おそろしい」と「こわい」の意味の類似点と相違点について考察する。

5.1　先行研究の記述とその検討

　先行研究で指摘されている両語の違いについては、①客観性の程度と②おそれを感じる対象という2点をあげることができる。

　まず①客観性の程度について、『基礎日本語辞典』は、人相の悪い男たちに周りを取り囲まれるというような場面にある人が、次の(17)のように「こわい」と叫ぶのは自然だが、「おそろしいよ！」と叫ぶのは不自然であることから、「おそろしい」は「こわい」よりも客観的に叙述する場合に多く用いられる語であると述べている（p.249）。

　(17)「こわいよ。助けてくれ！」（p.249）

　また『講談社類語辞典』も、「おそろしい」は客観的な評価を表すのに対し、「こわい」はより主観的な心情を表すと記述している（p.209）[18]。先行研究の記述から、「おそろしい」は「こわい」よりも客観的に叙述する場合に多く用いられるということがわかる。

　続いて②おそれを感じる対象について、『基礎日本語辞典』は次のように記述している[19]。

18　『学研国語大辞典 第二版』、張（1997）、『使い方の分かる類語例解辞典』、『日本語新辞典』、『大辞林　第四版』、『ちがいがわかる類語使い分け辞典』も同様の指摘をしている。
19　『三省堂類語新辞典』も同様の指摘をしている。

「おそろしい」……具体的な恐怖の相手に対して用いる。

「こわい」…………特定の対象がなくても、場面・状況・環境などからこわいと
　　　　　　　　感じることが可能。危険度の高い、または危険性のある状況
　　　　　　　　に至るまで、広く使用することができる。(p.249)

「こわい」については、『基礎日本語辞典』が指摘しているように、特定の対象
がなくても、場面・状況・環境などから「こわい」と感じることが可能である。し
かし、「おそろしい」については、次の（18）のように、具体的な恐怖の相手では
ないものに対して「おそろしい」と感じているものが見られる。

（18）大学生のとき夢見ていた「社会変革」の理想もすっかり信じられなくなり、
　　　将来の展望も何もみえないまま、塾でアルバイトをしていた二十代半ばのこ
　　　ろ。夜アパートに一人でいるとき、とつぜん恐ろしくなってくる。「じぶんは、
　　　価値ある生き方にめぐりあうことなくこのまま死んでしまうのではないか」。
　　　そう思うとほんとうに恐ろしく、フトンのなかでぶるぶると震えていたことが
　　　ある。　　　　　　　　　　　　　　　　　　　　　　　　　　　（＝（6））

（18）は、「じぶんは、価値ある生き方にめぐりあうことなくこのまま死んでしまう
のではないか」と思うことによって「おそろしい」と感じている。このように「おそろ
しい」においても、場面・状況・環境などから「おそろしい」と感じることがある。
　以上の先行研究の記述とその検討をふまえ、以下では先行研究で指摘されてい
ない「おそろしい」と「こわい」の相違点について考察する。

5.2　「おそろしい」と「こわい」の類似点と相違点について

　まず、両語の類似点について、次の（19）をご覧いただきたい。

（19）つぼみの段階で下を向いたままのケシは、開花の直前に天を向き、2、3
　　　日で枯れ落ちる花が散った茎には、「ケシボウズ」と呼ばれる丸い子房が
　　　実り立つ。子房が膨らんだ後、ナイフなどで表面に浅く切り傷をつけて乳
　　　液を採取し、これを集めて乾燥させたものが生アヘンだ。美しい花の姿に

目を奪われた来園者も、植物園スタッフの説明を聞いた後では、口々に「<u>恐ろしい</u>」「<u>こわい</u>」という感想をもらしていた。

（読売新聞、2010 年 5 月 26 日）

　（19）は、身体に良くない影響を及ぼす「生アヘン」に「おそろしい」あるいは「こわい」と感じており、（19）の「おそろしい」は意味 I（=〈深刻な打撃を与える物事を〉〈避けたいと強く感じる〉〈さま〉）を表す。よって、「こわい」（=〈良くない事態を引き起こす物事を〉〈避けたいと感じる〉〈さま〉）は「おそろしい」の意味 I と類似しており、〈危険な物事を〉〈避けたいと感じる〉〈さま〉という共通の意味を有すると考えられる。

　続いて、「おそろしい」と「こわい」の相違点について考察する。上述のように、「おそろしい」は「こわい」よりも客観的に叙述する場合に多く用いられるという相違点が先行研究で指摘されている。さらに『基礎日本語辞典』では、「こわい」は「危険度の高い、または危険性のある状況に至るまで、広く使用することができる」と指摘されているが、「おそろしい」については特に記述されていない。この点について次の（20）をご覧いただきたい。

　（20）（前略）居間は解放され、お店で買い物をした子供たちがここでお菓子やミニラーメンを食べ、くつろいでいる。でもマナーの悪い子はしっかりと叱りつけ、躾ける姿勢。「<u>怖い</u>　（<u>??おそろしい</u>）<u>けど面白いおばさん</u>」と<u>慕われている</u>。

（比古地朔弥『秩父カフェ＆アートカルチャーガイドブック』幹書房、p.33）

　（20）の「こわい」を「おそろしい」に置き換えると不自然な表現となる。（20）では、「『怖いけど面白いおばさん』と慕われている」とあるように、マナーの悪い子を叱りつける時には「こわい」と感じることもあるが、普段は面白いおばさんのことを子供たちは慕っていると考えられる。「おそろしい」の意味 I は〈深刻な打撃を与える物事を〉〈避けたいと強く感じる〉〈さま〉を表すように、危険性が高い物事に対して生じる感情である。そのため、（20）のように、おばさんを危険性の高い人物であると感じていない場合に「おそろしい」を用いると不自然な表現となる。

よって、「こわい」は危険性の高い物事に対しても、危険性のあまり高くない物事に対しても用いることができるが、「おそろしい」は危険性の高い物事にのみ用いるという相違点がある。

　以上から、「おそろしい」の意味Iと「こわい」の意味が類似しており、〈危険な物事を〉〈避けたいと感じる〉〈さま〉という共通の意味を有する。また、両語の相違点として、「こわい」は危険性の高い物事に対しても、危険性のあまり高くない物事に対しても用いることができるのに対し、「おそろしい」は危険性の高い物事にのみ用いるという点をあげることができる。

第7章 〈厭〉の感情を表す形容詞

1. 本章の目的

　本章では、〈厭〉の感情を表す「いや」「きらい」「うっとうしい」「わずらわしい」「めんどうくさい」「つらい」「くるしい」「せつない」「やるせない」という9語を取りあげ、それぞれの語の意味を分析するとともに、これらの語の中でより意味が類似していると考えられる語との意味の類似点・相違点を考察する。

　本章の構成について簡単に述べると、次の2節で「いや」と「きらい」について、3節で「うっとうしい」「わずらわしい」「めんどうくさい」について、4節で「つらい」と「くるしい」について、最後に5節で「せつない」と「やるせない」について分析する。

2. 「いや」と「きらい」の意味分析

2.1　先行研究の記述とその検討

　以下では、「いや」と「きらい」の個々の意味について記述された先行研究と、両語の意味の違いについて記述された先行研究を概観し、それらの記述を検討する。

2.1.1　個々の意味についての先行研究の記述とその検討

　「いや」と「きらい」は先行研究で意味が類似していると考えられているため、先行研究の「いや」と「きらい」の意味記述を比較しながら以下で見ていく。

　まず、『基礎日本語辞典』は「いや」と「きらい」の意味を次のように記述している。

　　いや〔嫌〕
　　ある条件・状況に照らして、その事物が適合せず、進んで認めることができない状態。（p.153）
　　きらい[20]
　　それに接し、それに従うことに不快感を覚え拒絶したくなる状態。（p.543）

20　『基礎日本語辞典』は、「きらい」の意味を個別に取りあげて記述しているのではなく、「すき」の項目で、「すき」の意味と対比しながら記述している。そのため「きらい」の漢字表記は掲げられていない。

次に、『大辞林　第四版』は「いや」と「きらい」の意味を次のように記述している[21]。

　　いや〔嫌・厭〕

　　①きらうさま。欲しないさま。

　　　「―になる」「―なら行かなくてもいいんだよ」「顔を見るのも―だ」

　　②不愉快なさま。

　　　「―な顔をする」

　　③好ましくないさま。

　　　「―な予感がする」「人の弱みにつけこむ―なやつ」「―ねえ、こんな所で寝
　　　こんじゃって」（p.191）

　　きらい〔嫌い〕[22]

　　①きらうこと。いやがること。また、そのさま。　⇔すき

　　　「好き―がない」「―なもの」（p.726）

21　『学研国語大辞典　第二版』と『現代形容詞用法辞典』の「いや」と「きらい」の記述も、『大辞林
　　第四版』の記述と大きく異ならない。『学研国語大辞典　第二版』は「いや」と「きらい」の意味を次の
　　ように記述している。
　　　いや〔嫌・厭〕
　　　①欲しないようす。気にいらないようす。好ましくないようす。きらいである。
　　　　「仕事が―になる」「あたし、―だな。そんな、男らしくないの。―よ。〈大仏・風船〉」
　　　②不愉快である。
　　　　「良人は一寸―な顔をした〈志賀・好人物…〉」（p.124）
　　　　きらい〔嫌い〕（形容動詞の意味のみ取りあげる）
　　　①きらうこと。
　　　　「―な食物」「俺はもともと戦争は―だが、とりわけこの戦争は、どこか根本的にまちがったものが
　　　　あるような気がしてならぬ〈阿川・雲の墓標〉」（p.498）
22　『大辞林　第四版』では、①の意味だけではなく、次の②から⑤の意味も記述されている。
　　　②（「…のきらいがある」「…するきらいがある」の形で）気がかりな傾向がある、の意を表す。
　　　　「独断専行の―がある」「ともすれば逸脱する―がある」
　　　③差別。区別。
　　　　「男女の―なく選抜する」
　　　④連歌・俳諧で、句の配列上避けること。
　　　⑤（「…ぎらい」の形で）名詞または他の語句に付いて、その物やそうすることがいやであること、ま
　　　　たそうした人を表す。
　　　　「人間―」「勉強―」「食わず―」（p.726）
　　本書は「いや」と「きらい」の意味の違いについて明示し、その違いを両語の意味記述に反映させること
　　に主眼を置くため、②から⑤の意味については考察対象としない。

60

　まず、『基礎日本語辞典』を見ると、「いや」の意味を「ある条件・状況に照らして、その事物が適合せず、進んで認めることができない状態」と記述している。この「いや」の意味記述は、次の（1）の「きらい」にも当てはまる。

（1）何かを好きになったり、嫌いになったりするにはその人なりの理由があります<u>が</u>、改めて考えてみると、言葉でははっきり伝えられないことも多いと思います。　　　（PHP編集部『「心が折れない人」の習慣』PHP研究所、p.84）

　（1）は、「その人なりの理由」によって何かを「きらい」と感じているため、（1）の「きらい」は、ある人の条件に照らして、その事物が適合せず、進んで認めることができない状態を表している。このように、『基礎日本語辞典』の「いや」の意味記述で説明できる「きらい」の例が見られるため、「いや」の意味を再度検討する必要がある。

　続いて『大辞林　第四版』の記述を見ると、「いや」の1つ目の意味に「きらうさま」とあり、「きらい」の1つ目の意味に「きらうこと」とあるように、「いや」を「きらうさま」と記述し、「きらい」を「きらうこと」と記述したのでは、「いや」と「きらい」の意味が明らかにされているとは言いがたい。

2.1.2　「いや」と「きらい」の意味の相違点についての先行研究の記述とその検討
　「いや」と「きらい」の相違点について記述している西尾（1972）と『現代形容詞用法辞典』を概観する。本書は基本的に両者の記述に従うこととする。
　西尾（1972）は、「いや」と「きらい」は「何かに対する反撥的・拒否的な感情に関係する」という共通の面をもっている一方で、次のような意味の相違点があると記述している（pp.199-200）。

　「いや」………ある対象によってひきおこされる、不快な感情
　「きらい」……ある人の、ある対象に対して形成された、反撥的な感情的態度

　上の記述に加え、西尾（1972）は両語の相違点について次の3点を指摘している（pp.200-203）。

まず1点目は「人称制限」についてである。感情形容詞には一般に主語になりうるものに人称制限があると言われており、「いや」においても次の（2）のような表現は不自然である。それに対して、「きらい」は次の（3）のような表現が成り立つことから、感情形容詞の基本的な条件のうちの1つを欠いている。

（2）＊あの人は勉強が<u>いや</u>です。（p.200）
（3）あの人は勉強が<u>きらい</u>です。（p.201）

　「きらい」の主語になりうるものに人称制限がない理由について、西尾（1972）は「『きらいな』は、ある人の、ある対象に対する、一定の感情的態度であるために、『いやな』のようなまったく主観的な感情とちがって、他人にとっても事実として認識されやすく、客観的な事実の性格を帯びているのではないか。そのために、話し手以外の人が何かが『きらい』であることを断定する形が成り立ちうるのではなかろうか」（p.201）と述べている。
　2点目は「感情の対象となるもの」についてである。「きらい」は感情の対象が文中に表現されている例が大部分であり、表現されていない例でも文脈などから容易に推定できるという特徴がある。一方の「いや」についても、感情の対象が文中に表現されている例、表現されていなくても文脈から感情の対象が推定できる例は多い。しかし、感情の対象がそれほど明確ではなく、次の（4）のようにその場の情況全体に対する嫌悪の感情として使われることもある。

（4）「あゝあ、<u>いや</u>だいやだ。毎日喰っちゃ寝、喰っちゃ寝、いったいいつになったら戦がはじまるんだ。体がくさりそうだぞ」（p.201）

　最後に3点目は、「いや」が連体修飾語として使われる時、特定の主体がある対象を「いやに」感じるという側面が弱まって、次の（5）のように、人が一般に「いやに」感じるような対象自身の性質を表すようになっている場合がある。他方、「きらい」は常に感情の主体がはっきり存在しているため、連体修飾語になる場合にも、次の（6）のように「《人》のきらいな《対象》」の形で、感情の主体の示されるのが原則である。ただし、感情の主体は次の（7）のように言い表さないことも多い。しかし

そういう場合でも、感情の主体は特定の人物である。

（5）けれどお寺の中は清い事ばかりはなく、また坊様にもいやな人はたくさんありますよ。

（6）瓢箪を持って鯰の上に馬乗りになる猿ぐらい、著者の嫌いなものはないらしい。

（7）そりゃ、きらいな男に、肌身は許すこと成りませぬが、好きな殿御なら、抱かれもしましょう。（（5）－（7）、p.203）

『現代形容詞用法辞典』も、「きらい」は「いや」よりももっと客観的で、一般的な嫌悪感を表すため、好き嫌いを問題にする文脈では、「きらい」は場面・状況によらない一般的な嫌悪の傾向を表し、その場その場の嫌悪を表すニュアンスのある「いや」とは区別されると述べている（p.199）。

　西尾（1972）と『現代形容詞用法辞典』は、「いや」はその場その場の嫌悪感を表すような主観的な感情であるのに対し、「きらい」はある人の、ある対象に対する、一定の感情的態度を表し、常に感情の主体と対象が明確であると述べている。その指摘の妥当性は、次の（8）によって確認できる。

（8）次々と書いては出版してもらっているうちに、多少は評判になる著書も出てくる。（中略）親密なつきあいをしていない人がいう台詞に、「売れてるそうだけど、こんどおごってもらわなくては」というのがある。それほど本気でいっているのではないが、「たかり」の気配を感じて嫌な（??きらいな）気分になる。　　　　　　　　　　　　　　　（山崎武也『いき方』PHP研究所、p.63）

　（8）のように、ある人の発言に「『たかり』の気配を感じて嫌な気分になる」と言うことはできるが、「いや」を「きらい」に置き換えると不自然な表現となる。これは、「気分」がその時々の主観的な心の状態を表すため、「いや」と共起することはできるが、「きらい」とは共起しないからであると考えられる。よって、西尾（1972）や『現代形容詞用法辞典』で指摘されているように、「いや」はその場その場の嫌悪感を表すような主観的な感情であるのに対し、「きらい」はある人の、ある対象に対する、

一定の感情的態度を表すと言うことができる。

　以上のように、先行研究によって「いや」と「きらい」の相違点については十分に議論されているが、「いや」と「きらい」の個々の意味記述については不十分であると考えられるため、以下で「いや」と「きらい」の意味を分析する。

2.2 　「いや」の意味分析

　次の2つの例をご覧いただきたい。

（9）シアン化ナトリウムを空気中に出しておくと、炭酸ガスと反応してシアン化水素が遊離するため、シアン化水素特有の<u>生臭いような不快なにおい</u>がする。アーモンドのにおいとは似ても似つかない、<u>いや</u>なにおいである。
　　　（村田徳治『化学はなぜ環境を汚染するのか』環境コミュニケーションズ、p.297）

（10）ここ一、二年、<u>パチンコ屋から足が遠のきはじめてしまった</u>。あの<u>電気的な合成音</u>が<u>いや</u>になってきたのだ。以前のナンジャラという音はむしろ心地よかったが、キンキンと頭の後から突き刺さってくるような合成音が<u>苛立たしく感じられる</u>ようになった。
　　　　　　　　（BCCWJ、LBd9_00055『バーボン・ストリート』）

　まず（9）は「生臭いような不快なにおい」に対して「いや」と感じており、続いて（10）は「電気的な合成音」を聞くと「苛立たしく感じられる」ため、「いや」と感じている。よって（9）と（10）は、不快なにおいや音に対して「いや」と感じていると言うことができる。

　また（10）では、不快な合成音を「いや」と感じ、「パチンコ屋から足が遠のきはじめてしまった」とある。これは、不快な合成音を受け入れることができず、拒みたいと感じることで、「パチンコ屋から足が遠のきはじめてしまった」のだと考えられる。よって、（10）の「いや」は、不快な音を受け入れることができず、拒みたいと感じるさまを表している。（9）においても、不快なにおいを受け入れることができず、拒みたいと感じるさまを「いや」と表していると考えられるため、（9）と（10）の「いや」は、不快感を与えるものを受け入れることができず、拒みたいと感じるさまを表していると言うことができる。

続いて次の 2 つの例をご覧いただきたい。

（11）（前略）さらに、財布は忘れても携帯電話は必ず持って出るという人は多い。その携帯電話が通話やメールのやりとりだけでなく、クレジットカードとして使えるならば、かなりの人が毎日の買い物で利用するようになるだろう（もちろん、決済になど使うのは嫌だと拒否する人もあるだろうが……）。

（岩田昭男『ドコモが銀行を追い抜く日』PHP 研究所、p.49）

（12）「どうも、きょうは腹が痛い」「きょうは理科の時間があるのでいやだな」と、登校拒否をしたいような気になることがあります。

（板倉聖宣『仮説実験授業のＡＢＣ』仮説社、p.48）

まず（11）は、携帯電話を「決済になど使うのは嫌だ」と感じ、「拒否する人もある」と記されていることから、（11）の「いや」は不快な行為をすることを受け入れられず、拒みたいと感じるさまを表していると考えられる。また（12）では、理科の授業を「いや」と感じ、「登校拒否をしたいような気になる」とあることから、（12）の「いや」は理科の授業を受ける気になれず、拒みたいと感じるさまを表していると言える。よって（11）と（12）の「いや」は、ある行為をすることを受け入れられず、拒みたいと感じるさまを表している。

以上のように、「いや」は不快なものに対しても、不快な行為に対しても用いられることから、不快な物事を受け入れることができず、拒みたいと感じるさまを表すと言うことができる。

以上から、「いや」の意味は〈不快な物事を受け入れることができず〉〈拒みたいと感じる〉〈さま〉である。

2.3 「きらい」の意味分析

次の 3 つの例をご覧いただきたい。

（13）どうやら匂いというのは、経験と学習によってその快・不快が決まってくるようなのだ。糞尿が汚いことを学習し、それを暗示する臭いが嫌いになったのだ。　（都甲潔『味覚を科学する』角川学芸出版、pp.57-58）

（14）昔は大きな工場では三交代などの合図にサイレンを使っていた。当時、私
　　　は子供ではあったが<u>あの音が</u>嫌いであった。今の言葉で言えば、<u>労働意</u>
　　　<u>欲の減退をもたらす音のように思えた</u>。

（高見貞徳『歩き遍路の世界』文芸社、p.73）

（15）何かを好きになったり、<u>嫌いになったりする</u>にはその人なりの理由があります
　　　すが、改めて考えてみると、<u>言葉でははっきり伝えられない</u>ことも多いと思
　　　います。（＝（1））

　まず（13）は汚い糞尿を暗示するような「臭い」を「きらい」と感じ、（14）はサ
イレンが「労働意欲の減退をもたらす音のように思えた」ことから、その音を「きらい」
と感じている。よって（13）と（14）は、あるにおいや音に関して不快な思いをし
たという理由にもとづいて、それらに良くない印象を抱き、「きらい」と感じていると
考えられる。さらに（15）のように、明確な理由によってではなく、「言葉でははっ
きり伝えられない」といった理由によって、ある対象を「きらい」と感じているもの
も見られる。
　続いて次の2つの例をご覧いただきたい。

（16）ぼくはヘボなんだから、モちょっと碁の勉強をすればいいんだけど、どうも
　　　勉強というのが<u>嫌いで</u>、<u>サッパリやらない</u>。

（秋山修『わ〜い、画商だあ！』文芸社、p.95）

（17）職場や近所づきあいなど日常生活の中では、<u>嫌いな相手であっても</u>、いつ
　　　までもつきあいを避け続けているわけにもいかず、ときには、その何とも
　　　気が重い現実を避けて通れないことがあるものだ。

（斎藤茂太『気持ちがすーっとラクになる本』PHP 文庫、p.31）

　（16）では勉強が「きらい」で「サッパリやらない」とあるように、何らかの理由
によって勉強に良くない印象を抱き、避けたいと感じているさまを表している。また
（17）では、「嫌いな相手であっても、いつまでもつきあいを避け続けているわけに
もいかず」とあるように、何らかの理由によってある人に良くない印象を抱き、避け
たいと感じながらも、実際には避け続けることができない状況を表している。よって

（16）と（17）から、「きらい」は何らかの理由によってある物事に良くない印象を抱き、避けたいと感じるさまを表すと考えられる。

　以上から、「きらい」の意味は〈何らかの理由によって、ある物事に良くない印象を抱き〉〈避けたいと感じる〉〈さま〉と言うことができる。

3.「うっとうしい」「わずらわしい」「めんどうくさい」の意味分析
3.1　先行研究の記述とその検討

　『学研国語大辞典　第二版』と『大辞林　第四版』の「うっとうしい」「わずらわしい」「めんどうくさい」の意味記述を検討する。

　まず、「うっとうしい」は次のように記述している。

　　うっとうしい〔鬱陶しい〕
　　①〔気分・天候・物事の状態などが〕陰気ではればれしない。
　　　「—・い天候」「社員たちの自分に向ける眼を思うと—・かった〈井上靖・氷壁〉」
　　②〔ものがかぶさるようで〕重苦しい。じゃまになって、うるさい。
　　　「無精髭が伸び、耳のわきまで髪がかぶさっても、もう当人は—・いとも云わない〈幸田文・おとうと〉」（『学研国語大辞典　第二版』、p.161）
　　うっとうしい〔鬱陶しい〕
　　①重苦しく陰気である。心が晴れ晴れしない。
　　　「長雨つづきで—・い」
　　②じゃまでわずらわしい。妨げになってうるさい。
　　　「目にものもらいができて—・い」（『大辞林　第四版』、p.252）

　2つの辞書の意味記述に大きな違いはない。『大辞林　第四版』の2つ目の意味記述に「わずらわしい」が用いられていることから、「うっとうしい」は「わずらわしい」と類似していることが確認できるが、「わずらわしい」を介して説明したのでは「うっとうしい」の意味を明らかにしたとは言いがたい。

　続いて「わずらわしい」は、次のように記述している。

わずらわしい〔煩わしい〕

①人の心を悩ませる状態である。気の進まない状態である。気づかわしい。

「あたりは一層しずかだった。平和で、幸福で、一切の―・いことがひどく遠くに感じられた〈福永・草の花〉」

②込み入っていて面倒である。手間がかかってめんどうくさい。煩雑である。

「取引先の―・い交渉も自分でやらぬと気がすまない気性だったし、〈大仏・風船〉」（『学研国語大辞典　第二版』、p.2117）

わずらわしい〔煩わしい〕[23]

①心を悩ますことが多くて、気が重い。うんざりする。

「―・い人間関係」

②複雑でめんどうくさい。煩雑である。

「―・い手続きを簡素化する」（『大辞林　第四版』、p.2955）

「わずらわしい」においても、2つの辞書の意味記述に大きな違いはない。『学研国語大辞典　第二版』と『大辞林　第四版』の2つ目の意味記述を見ると、「めんどうくさい」を用いて「わずらわしい」の意味を記述している。このことから、「わずらわしい」と「めんどうくさい」は意味が類似していることが確認できるが、「めんどうくさい」を用いて説明したのでは「わずらわしい」の意味が明らかにされているとは言いがたい。

　最後に、「めんどうくさい」は次のように記述している。

めんどうくさい〔面倒臭い〕

手数がかかってやっかいである。非常にめんどうである。めんどくさい。

「話をするのも―・い」（『学研国語大辞典　第二版』、p.1932）

めんどうくさい〔面倒くさい〕

手数がかかってわずらわしい。大変やっかいだ。めんどくさい。

「返事を書くのが―・い」（『大辞林　第四版』、p.2705）

23　『大辞林　第四版』には4つの意味が記述してあるが、現代語の意味を表す①と②を取りあげる。

「めんどうくさい」においても、２つの辞書の意味記述に大きな違いはない。『大辞林　第四版』は「わずらわしい」を用いて「めんどうくさい」の意味を記述しているため、両語の意味の違いが明らかになるような記述をする必要がある。

　以上のように、「うっとうしい」「わずらわしい」「めんどうくさい」の意味が十分に記述されているとは考えられないため、以下でそれぞれの語を分析する。

3.2 「うっとうしい」の意味分析

次の３つの例をご覧いただきたい。

(18) 梅雨の季節がきます。<u>じめじめした</u>鬱陶しい時期ですが（後略）。
（東京新聞、2003 年５月 11 日）

(19) 70 代の父は退職後、50 年連れ添った母を亡くしてから、私に<u>執拗に話しかけてきます</u>。
　　<u>私が買いものに出かけ、帰りが少し遅くなるだけで、「心配した」と追いかけてきます</u>。私は末っ子で、甘やかされて育った方だと思いますが、そんな父が<u>うっとうしくてたまりません</u>。　　（読売新聞、2006 年 10 月 13 日）

(20) 地上にそびえるのは、実は、地下に建設中の首都高速の換気塔。高さ約 45 メートル。付近の高層マンションをしのぐ高さです。約 11 キロの区間に 16 本が建設されています。(中略)道路の中央に<u>ニョキニョキ、ニョキニョキ、ニョキニョキ、ニョキニョキ、ニョキニョキ、ニョキニョキ、ニョキニョキ、ニョキニョキ（16 本）</u>。文字で見るだけでも<u>うっとうしい</u>。
　(http://blogs.yomiuri.co.jp/shashun/2007/04/post_e35d.html)

　(18) は湿気が多い「じめじめした」気候、(19) は父の執拗な言動、(20) は「ニョキニョキ」という文字がたくさん書かれていることに「うっとうしい」と感じている。このように、(18) から (20) は、物事が適切と感じる範囲を超えていることによって「うっとうしい」という感情が生じている。よって、「うっとうしい」は、物事が適切な範囲を超えていることによって生じる感情であると言うことができる。

　続いて次の２つの例をご覧いただきたい。

(21) もとは短気な父であり、生意気盛りには手を上げられたことも一度ある。いない方がいい、うっとうしい存在であった時期もあった。

（朝日新聞、2007年11月2日）

(22) 自分が分からなくなりはじめ、何をするにも「〜するにはまだ早すぎる」とか「それはダメだ」と言われ、大人どもは何をするにも邪魔をする。素直になれと言われたが、素直に「うっとうしい、消えろ」と言えば怒られ、時に殴られ、素直になることも、やりたいことも許されなかった。

（村田秀行『難問・私を求めて』文芸社、pp.12-13）

　(21) では怒ったり、手を上げたりする「うっとうしい」父が「いない方がいい」と述べられているように、「うっとうしい」は過剰な言動をとる父を排除したいと感じるさまを表している。続いて (22) では、大人に対して「うっとうしい」と感じ、「消えろ」と発言している。これは、「何をするにも邪魔をする」大人を排除したいと感じ、「消えろ」と発言したと考えられる。このように、「うっとうしい」は、適切と感じる範囲を超えている物事を排除したいと感じるさまを表す。

　以上から、「うっとうしい」の意味は〈適切と感じる範囲を超えている物事を〉〈排除したいと感じる〉〈さま〉と記述できる。

3.3　「わずらわしい」の意味分析

　次の4つの例をご覧いただきたい。

(23) （前略）しかし、それよりももっと現場が実習生を受け入れたがらない理由がある。それは、指導教官に限らず全教員が、何かとそうした「招かざる客」に付き纏われて、煩わしいと感じるからである。

（星弘太郎『陸封魚』文芸社、p.11）

(24) 欧米の空港に着いてタクシーに乗車してからホテルに到着し、部屋にポーターが荷物を届けるまでチップに気を遣わなければならない。本当に煩わしい。欧米ではサービス業に従事する人たちは基本給が極めて低く、チップで稼ぐ仕組みとなっている。我々はチップを払うことに慣れてないから煩わしいと感じるが、これはサービス料金であり、その金額はこちら側が決

めればよいと考えればもう少し楽にチップがはらえるのではないか。

（高橋幸仁『国際ビジネスへの羅針盤』文芸社、p.183)

(25)（前略）しかしそういう学習レポートでも、書くのが<u>わずらわしく</u>、重荷に感じてため息をついている人がいるかもしれない。

（大竹秀一『だれも教えなかったレポート・論文書き分け術』SCC、p.81)

(26) テレビをつけず、音楽も聞かず、ただ編むことだけに思考を注いでいると、頭が空洞化され、<u>煩わしい</u>ことから<u>遮断される</u>。だからこの一時が一番<u>落ち着けた</u>。 （木原梨沙子『わたしから「私」へ』文芸社、p.197)

　まず(23)から(25)を見ると、(23)は「『招かざる客』に付き纏われ」ること、(24)は「チップに気を遣わなければならない」ことや「慣れてない」チップを払うこと、(25)は「学習レポート」を書くことに「わずらわしい」と感じている。「わずらわしい」は、(23)のように他人から何かをされることによって生じる感情であるとともに、(24)や(25)のように書き手が何かをすることによって生じる感情でもある。

　また(24)では、「チップを払うことに慣れてないから煩わしい」と、「金額はこちら側が決めればよいと考えればもう少し楽にチップがはらえる」が反対の意味を表すものとして示されていることから、「わずらわしい」は、ある物事に心理的な負担を感じることによって生じる感情であると考えられる。さらに(23)では、心理的に負担である実習生を「わずらわしい」と感じ、「受け入れたがらない」とあることから、(23)の「わずらわしい」は、心理的に負担である人とかかわりたくないと感じるさまを表している。加えて(26)では、「煩わしいことから遮断される」ことによって「落ち着けた」とあるように、心理的に負担である物事にかかわりたくないと感じ、かかわりを断つことで、「落ち着けた」のであると考えられる。

　以上から、「わずらわしい」の意味は〈心理的に負担である物事に〉〈かかわりたくないと感じる〉〈さま〉と言うことができる。

3.4 「めんどうくさい」の意味分析

　次の3つの例をご覧いただきたい。

（27）高校2年になっても欠席が続くため、母親がクリニックに連れてきました。診察の結果には、精神病などの精神障害の所見は見つかりませんでしたが、問診に対しては、「<u>なにをするのも面倒くさい。</u>なにも熱中できるものがない。なにもしないで寝ているのが一番いい。将来のことはなにも考えていない」と答えます。

（星野仁彦『気づいて！こどもの心のSOS』VOICE、p.433）

（28）第一、日本食を作るのが<u>面倒くさい</u>という。テキストを読むと、出汁をとれだの、下ごしらえをしろだのと書いてあって、読んでいるうちに意欲をなくしてしまうという。　　　　　　　（BCCWJ、PB33_00499『和食の力』）

（29）<u>面倒くさいから絶えてやらなくなっていた</u>新聞の切り抜き。今日（十一日）から再開する決意を新たにした。　　　（中日新聞、2007年12月12日）

まず（27）は、文中に「なにをするのも面倒くさい。なにも熱中できるものがない」とあるように、何かをしようという気持ちが生じないさまを「めんどうくさい」と表している。続いて（28）は、日本食についてのテキストを読んでいるうちに日本食を作ろうという意欲をなくし、日本食を作ることを「めんどうくさい」と感じている。このことから、（28）の「めんどうくさい」は日本食を作ることに関心がもてず、日本食を作ろうという気持ちが生じないさまを表していると言える。さらに（29）は、「面倒くさいから絶えてやらなくなっていた」とあるように、新聞の切り抜きに関心がなくなり、切り抜きをしようという気持ちが生じず、やめてしまっていたが、また関心がわき、再開することにしたということを表している。よって、「めんどうくさい」は、ある行為に関心がもてず、その行為をしようという気持ちが生じないさまを表していると考えられる。

以上から、「めんどうくさい」の意味は〈ある行為に関心がもてず〉〈その行為をしようという気持ちが生じない〉〈さま〉と記述することができる。

3.5　「うっとうしい」と「わずらわしい」の類似点と相違点について
3.5.1　先行研究の記述とその検討
「うっとうしい」と「わずらわしい」の意味の違いについて記述されている『現代形容詞用法辞典』を概観し、その記述を検討する。

　『現代形容詞用法辞典』は、「うっとうしい」は「天気が晴れでないときの気分」
や「かぶさってくるものがあって、そのために気分がふさがれて不快である様子」を
表すが、後者の「かぶさってくるものがあって、そのために気分がふさがれて不快で
ある様子」という意味は「わずらわしい」と意味が近いと述べている(p.81)。しかし、
「わずらわしい」は煩雑で面倒だというニュアンスがあり、対象の範囲が広く、抽象
的なものもとれる点が「うっとうしい」と異なると指摘している (p.81) [24]。

　『現代形容詞用法辞典』でも述べられているように、「うっとうしい」が気候に関
して用いられる場合、「うっとうしい」を「わずらわしい」に置き換えると不自然な表
現となる。

（30）梅雨の季節がきます。じめじめした<u>鬱陶しい</u>（??<u>わずらわしい</u>）時期です
　　　が（後略）。　　　　　　　　　　　　　　　　　　　　　　　（＝（18））

　（30）は湿気の多い、じめじめした気候を「うっとうしい」と感じているが、「うっ
とうしい」を「わずらわしい」に置き換えると不自然な表現となる。よって、「わずら
わしい」は気候に関して用いられないと言うことができる。

　また、『現代形容詞用法辞典』は、「うっとうしい」が「かぶさってくるものがあって、
そのために気分がふさがれて不快である様子」を表す場合、「わずらわしい」と意
味が類似しており、「わずらわしい」の方が「うっとうしい」よりも「対象の範囲が広
く、抽象的なものもとれる」と述べている。しかし、3.2であげた実例を見ると「うっ
とうしい」と感じる対象も狭い範囲で考えることはできず、「わずらわしい」の方が「対
象の範囲が広く、抽象的なものもとれる」と言うことはできない。よって、両語の
意味の違いについて再度考察する必要がある。

24　『現代形容詞用法辞典』は「うっとうしい」と「わずらわしい」の意味を次のように記述している。
　うっとうしい〔鬱陶しい〕
　気分がふさいで晴れず、不快な様子を表す。
　①毎日雨ばかりで、なんとも**うっとうしい**。
　②そんな**うっとうしい**髪形はやめなさいよ。(p.80)
　わずらわしい〔煩わしい〕
　複雑で解決に手間がかかるのが不快な様子を表す。
　①年をとると子供の相手をするのは**わずらわしい**。(p.606)

3.5.2 「うっとうしい」と「わずらわしい」の類似点と相違点について

　先行研究で指摘されていない、「うっとうしい」と「わずらわしい」の類似点および相違点について考察する。

(31) この映画は実にすばらしい俳優陣を、うまく敵、味方、中間（?）に配し、老若男女を問わずどんなファン層も楽しむことができるようにつくられているが、これは多分スティーヴン・セガールのサービス精神によるもの……? したがって、多少煩わしい（?? うっとうしい）が、この映画に登場するそうそうたるスターたちの紹介をしておきたい。
　　　（坂和章平『ナニワのオッチャン弁護士、映画を斬る!　12』文芸社、p.186)

　(31) は、「この映画に登場するそうそうたるスターたちの紹介」をすることを「わずらわしい」と感じているが、この「わずらわしい」を「うっとうしい」に置き換えると不自然な表現となる。(31) のように、映画の登場人物を読み手に紹介するといった、書き手の行為について「わずらわしい」と言うことはできるが、それを「うっとうしい」と言うと不自然な表現となる。

　続いて次の2つの例をご覧いただきたい。

(32) 私にとって、他人とは鬱陶しいもの、煩わしいもの、よってなるべく避けるべきものなのです。
　　　（中島義道・小浜逸郎『やっぱり、人はわかりあえない』PHP 新書、p.46)
(33) 毎年、必ずといってよいほど、くしゃみ、鼻みず、鼻づまり、眼のかゆみ、充血といった、わずらわしい（うっとうしい）症状に悩まされている。
　　　（斎藤洋三・井手武・村山貢司『花粉症の科学』化学同人、p.5)

　(32)は他人を「うっとうしい」あるいは「わずらわしい」と感じている。続いて(33)は、「くしゃみ、鼻みず、鼻づまり、眼のかゆみ、充血」といった症状を「わずらわしい」と感じており、この「わずらわしい」を「うっとうしい」に置き換えても、その語を含む文の意味が大きく変わらない。よって (32) と (33) は、不快な他人や症状に対して「うっとうしい」あるいは「わずらわしい」と感じていると言える。また (32)

では、他人を「うっとうしい」あるいは「わずらわしい」と感じ、「なるべく避けるべきもの」と述べられているように、ここでの「うっとうしい」と「わずらわしい」は、不快な他人を避けたいと感じるさまを表している。よって、「うっとうしい」と「わずらわしい」の共通の意味は〈不快な物事を〉〈避けたいと感じる〉〈さま〉であると考えられる。

　次に両語にはどのような意味の違いがあるのかについて、次の（34）をご覧いただきたい。

（34）（前略）庭木が繁りすぎて、うっとうしい（?? わずらわしい）感じの部分
　　　が多いのである。　　　　　（皆本幹雄『霊は生きている』成甲書房、p.219）

　（34）は、他人の庭に生えている樹木の枝や葉が、よく伸びて重なり合っていることに「うっとうしい」と感じているが、この「うっとうしい」を「わずらわしい」に置き換えると不自然な表現となる。「わずらわしい」は〈心理的に負担である物事に〉〈かかわりたくないと感じる〉〈さま〉と記述したように、書き手とかかわりがある、あるいはかかわりがありそうな物事を心理的に負担に感じ、かかわりたくないと感じるさまを表す。そのため（34）のように、他人の庭に生えている樹木といった書き手と直接的なかかわりがないものに対して「わずらわしい」を用いると不自然な表現となる。一方の「うっとうしい」は、〈適切と感じる範囲を超えている物事〉に対して生じる感情であるため、（34）のように、他人の庭に生えている樹木であっても繁りすぎていることに対して「うっとうしい」と表現することができる。

　以上の考察から、「うっとうしい」と「わずらわしい」は、〈不快な物事を〉〈避けたいと感じる〉〈さま〉という共通の意味を有するが、「わずらわしい」は書き手あるいは話し手とかかわりがある、あるいはかかわりがありそうな物事に対して生じる感情であるため、書き手あるいは話し手と直接的なかかわりがない物事に対しては用いることができないという点で「うっとうしい」と違いがあると言うことができる。

3.6 「わずらわしい」と「めんどうくさい」の類似点と相違点について
3.6.1 先行研究の記述とその検討

『現代形容詞用法辞典』は「わずらわしい」と「めんどうくさい」[25] の意味の違いについて、「めんどうくさい」は実際に行ってみて手間がかかるので不快だというニュアンスではなく、行う前に手間がかかりそうだと予想するニュアンスで、しばしば行為を行わない暗示があると述べ、この点で、行為をしたかしないかに言及しない「わずらわしい」と異なると指摘している (p.553)[26]。

上のように、『現代形容詞用法辞典』は「めんどうくさい」の意味について、実際に行ってみて手間がかかるので不快だというニュアンスではないと述べている。しかし、実例を見ると次の (35) のように、実際に新聞の切り抜きを行った結果、手間がかかるので「めんどうくさい」と感じ、その行為をやめたと解釈できるものが見られる。

(35) 面倒くさいから絶えてやらなくなっていた新聞の切り抜き。今日（十一日）から再開する決意を新たにした。　　　　　　　　　　　　　　（＝(29)）

よって実例にもとづき、「わずらわしい」と「めんどうくさい」の意味の違いを考察する必要がある。

3.6.2 「わずらわしい」と「めんどうくさい」の類似点と相違点について

次の2つの例をご覧いただきたい。

(36) 第一、日本食を作るのが面倒くさい（わずらわしい）という。テキストを

---

25 『現代形容詞用法辞典』は、「めんどうくさい」の意味を次のように記述している。
　　めんどうくさい〔面倒臭い〕
　　非常に手間がかかって不快な様子を表す。
　　①食事の支度が**めんどうくさい**からといって食べないのは、健康によくない。(p.553)
26 『使い方の分かる類語例解辞典』は、「わずらわしい」を「事柄が込み入っていて、解決するのに手間がかかりそうな状態についていう」と記述し、一方の「めんどうくさい」は「『煩しい』とほとんど同意で使われ、面倒でいやだと思う気持ち、避けたいと思う気持ちが含まれている。非常に口語的な語」と記述している (p.248)。このように、「わずらわしい」と「めんどうくさい」の意味に大きな違いがないと考えているものもある。

　　読むと、出汁をとれだの、下ごしらえをしろだのと書いてあって、読んでい
　　るうちに意欲をなくしてしまうという。　　　　　　　　　　　　　（＝（28））

（37）<u>面倒くさい</u>（??<u>わずらわしい</u>）から絶えてやらなくなっていた新聞の切り抜き。
　　　今日（十一日）から再開する決意を新たにした。　　　　　　　　（＝（35））

　まず（36）は、日本食を作ることを「めんどうくさい」あるいは「わずらわしい」
と感じている。（36）から「めんどうくさい」と「わずらわしい」は〈ある行為をした
くないと感じる〉〈さま〉という共通の意味を有すると考えられる。
　一方（37）は、新聞の切り抜きをしようという気持ちが生じないさまを「めんどう
くさい」と表しているが、この「めんどうくさい」を「わずらわしい」に置き換えると
不自然な表現となる。先述のように、「わずらわしい」と「めんどうくさい」は〈ある
行為をしたくないと感じる〉〈さま〉を表すが、「わずらわしい」はある行為を心理的
に負担に感じるため、したくないさまを表す。それに対し、「めんどうくさい」はあ
る行為をすることに関心がもてないため、したくないさまを表す。（37）は「再開す
る決意を新たにした」とあるように、新聞の切り抜きに関心をもてばしようという気
持ちが起こるのであり、新聞の切り抜き自体を心理的に負担に感じているわけでは
ない。
　以上から、「わずらわしい」と「めんどうくさい」は〈ある行為をしたくないと感じる〉
〈さま〉という共通の意味を有するが、「わずらわしい」はある行為を心理的に負担
に感じるさまを表すのに重点があるのに対し、「めんどうくさい」はある行為をするこ
とに関心がもてないさまを表すのに重点があるという違いがある。

3.7　「うっとうしい」と「めんどうくさい」の類似点と相違点について

　さらに「うっとうしい」と「めんどうくさい」の意味について考察する。なお、「うっ
とうしい」と「めんどうくさい」の意味の違いについて記述された先行研究は、管
見の限り、見られなかった。

（38）<u>面倒くさい</u>（??<u>うっとうしい</u>）から絶えてやらなくなっていた新聞の切り抜
　　　き。今日（十一日）から再開する決意を新たにした。　　　　　（＝（37））

（39）（前略）庭木が繁りすぎて、うっとうしい（??めんどうくさい）感じの部
　　　分が多いのである。　　　　　　　　　　　　　　　　　　　（＝（34））

　先述のように、「うっとうしい」は書き手の行為に対して用いると不自然な表現と
なるため、（38）のように、新聞の切り抜きを「うっとうしい」と表現すると不自然
な表現となる。一方の「めんどうくさい」は書き手の行為に対して用いる表現である。
そのため、（39）のように、書き手の行為に関係しないことに対して「めんどうくさい」
を用いると不自然な表現となる。
　以上から、「うっとうしい」と「めんどうくさい」の意味が類似しているとは言い
がたい。

4.「つらい」と「くるしい」の意味分析
4.1　「つらい」の意味分析
　はじめに「つらい」の意味を分析する。

4.1.1　先行研究の記述とその検討
　『基礎日本語辞典』は「つらい」の意味を次のように記述している。

　つらい［辛い］
　ある状況に置かれて、または、ある事が原因して精神的に耐えられないほど
　苦痛を感じる状態。（p.749）

上の意味記述に加え、次のように説明している。

　「咳が出てつらい」「用を足す所がなくてつらかった」「ずっと立ちっ放しでつらい」
　「慣れない作業でつらい」のように生理的、身体的な原因もあるが、多くは「つ
　らい仕打ち」「つらく当たる」「つらい毎日」「部下の首を切るのはつらい」のよ
　うに精神的なむごさ・悩みに由来する当人の苦悶状態に言う。「立ちっ放しでつ
　らい」も足の苦しさを言うのではなく、そのような状況に置かれた当人の肉体的、
　精神的ストレスに対する苦しみの感情である。したがって、身体の部分を限定

した「足がつらい」「胸がつらい」などの言い方はできない。(p.749)

続いて、『現代形容詞用法辞典』は次のように記述している[27]。

つらい〔辛い〕
【1】精神的に苦痛を感じる様子を表す。
　①炎天下セールスに歩くのは**つらい**仕事だ。
【2】冷酷で思いやりのない様子を表す。
　①彼女は息子の嫁に**つらく**当たった。
　②彼は世間の**つらい**仕打ちに耐えて育った。(p.368)

　また【2】の意味について、【2】の意味で用いられる時は「つらい」が動詞にかかる修飾語(「つらく当たる」)、または名詞にかかる修飾語(「つらい仕打ち」)として用いられるのが普通で、述語になることは少なく、その場合にはふつう①の意味になると指摘している(p.368)。

　以上の『現代形容詞用法辞典』の記述から、「つらい」は苦痛を感じる場合に用いられることがわかる。

　また、『基礎日本語辞典』は身体の部分を限定した「足がつらい」などの言い方はできないと指摘している。確かに、「足がつらい」「胸がつらい」といった言い方はできず、足に関して「つらい」という場合には、「疲労がたまり、足が張ってつらい」「夏に足が冷えてつらい」「足がしびれてつらい」のように、足そのものに対してというよりも、足にかかる負担によって感じる精神的ストレスを表していると考えられる[28]。

---

27 『学研国語大辞典　第二版』や『大辞林　第四版』の記述も、『現代形容詞用法辞典』の記述と大きく異ならない。『学研国語大辞典 第二版』は次のように記述している。
　つらい〔辛い〕
　①心身にひどい苦痛・苦悩を感じて、耐え難い状態である。辛抱しがたい。難儀だ。
　「家の用事が多くて―・くない?〈森本・女の一生〉」
　②じゃけんである。冷酷である。
　「盲目(めくら)になって除隊された磯吉に一・い兄であると聞いて、〈壺井・二十四の瞳〉」(p.1302)
28 胸に関して「つらい」と言う場合の例として、次の「胸がはってつらい」といった表現がある。
　・母乳育児をしている時は、胸がはることが多く辛いものです。胸がはって辛い時には搾乳することをおすすめします。(http://bonyu194.com/mune.shtml)

さらに『現代形容詞用法辞典』は、「つらく当たる」あるいは「つらい仕打ち」のように、「つらい」が動詞あるいは名詞にかかる修飾語として用いられた時、「冷酷で思いやりのない様子を表す」と記述し、「つらい」のもう１つの意味（＝精神的に苦痛を感じる様子を表す）と区別している。一方、『基礎日本語辞典』は「つらく当たる」「つらい仕打ち」のような例も、「部下の首を切るのはつらい」といった例と区別せず、「ある状況に置かれて、または、ある事が原因して精神的に耐えられないほど苦痛を感じる状態」であると記述している。この点に関して次の２つの例をご覧いただきたい。

(40)（前略）女はこの泥亀と関係を持つようになった。そうなると梅吉に<u>辛く当たる</u>ようになり、毎日梅吉を<u>役立たず呼ばわり</u>した。
（石川鴻斎『夜窓鬼談』春風社、p.411）

(41) 学校から帰って夕方暗くなるまで働かねばならないのは<u>つらかった</u>が、学校で喧嘩したとき「小日本」「日本に帰れ……」と<u>罵られる</u>のは余計<u>つらかった</u>。
（井出孫六『終わりなき旅』岩波現代文庫、p.305）

　まず(40)の「辛く当たる」は、「役立たず呼ばわり」するというように、梅吉が「つらい」と感じるような態度を「女」がとることを表している。続いて(41)は、学校で同級生に「『小日本』『日本に帰れ……』と罵られる」ことを「つらい」と感じている。(41)の「つらい」は(40)のように、書き手が「つらい」と感じるような態度を相手がとることを表しているため、本書では「つらい」が動詞や名詞にかかる修飾語となった場合と、述語になった場合を区別しないこととする。
　以上の先行研究の記述とその検討をふまえ、「つらい」の意味を分析する。

4.1.2　「つらい」の意味分析
4.1.2.1　意味１：〈身体に負担がかかり〉〈耐えられないと感じる〉〈さま〉
次の３つの例をご覧いただきたい。

(42) 自分で育てたカクメロを収穫した青山真一君（18）は「<u>暑い温室内での作業</u>はつらかったが、思ったより真四角な出来栄えでうれしい」と喜んでいた。

（中日新聞、2010年7月6日）

（43）やるぞ、と意気込んだのはいいが、<u>苗を植える前かがみの姿勢がつらい</u>。長靴が泥にはまり込み、歩くのも一苦労だ。

（中日新聞、2007年12月25日）

（44）花粉症で目がかゆくて<u>つらい</u>です。

（BCCWJ、OC09_01318、Yahoo! 知恵袋）

　（42）は室温が高い温室内で作業すること、（43）は苗を植えるために「前かがみの姿勢」をとること、（44）は目がかゆいことを「つらい」と感じている。よって、（42）から（44）は、身体に負担がかかることによって「つらい」と感じていると言うことができる。

　続いて、「つらい」とは、身体に負担がかかることでどのように感じる感情であるのかについて、次の（45）と（46）を見る。

（45）あなたが初めてココへ来た時、頭痛の発作で倒れましたがあの様子は異常でした。<u>辛くて耐えられない程の痛み</u>だったんでしょうね。

（尾崎晃『癒しの人』文芸社、p.55）

（46）教会の中に入ると、右手の階段を上った所に、礼拝堂がありました。そこは、キリストが磔にされた場所と言われています。中にはたくさんのろうそくが灯され、その中央に磔にされたキリストの像がありました。そこに入った時でした。私は、吐き気と圧迫感に襲われ、泣き出したいぐらい<u>体が辛くなってしまって、どうしてもそこにいることができませんでした</u>。血管が収縮し胸が息苦しくなり、唾を飲み込むことも、息を吸い込むことも何もできなくなってしまったのです。仕事をしなくてはならなかったのですが、私は、逃げ出すように、その礼拝堂から飛び出していました。

（BCCWJ、LB19_00242『うたかたの月』）

　（45）は「辛くて耐えられない程の痛み」、（46）は「体が辛くなってしまって、どうしてもそこにいることができませんでした」とあることから、「つらい」は身体に負担がかかり、耐えられないと感じるさまであると考えられる。

以上から、「つらい」の意味1は〈身体に負担がかかり〉〈耐えられないと感じる〉〈さま〉と言うことができる。

4.1.2.2　意味2：〈望みと異なる良くない事態に〉〈耐えられないと感じる〉〈さま〉

次の3つの例をご覧いただきたい。

(47) 布団に入ると、いつものようにおっぱいの元に寄って来る。「ごめんね。でも今日はお薬飲んだし、あかんねん」。頭をなでながらおっぱいを隠すと、悲壮な顔つきに。抱っこしても、落ちそうなほど暴れる。<u>あげたい。でもあげられない</u>。こっちも<u>つらくて</u>涙がボロボロ。

（京都新聞、2007年4月12日）

(48) （前略）マザーは貧しい人に尽くすというこの活動を、最初はたった一人で始めたと聞く。
彼女は普通の人より愛の量が多すぎて、<u>世の中に貧しさで苦しんでいる人がいることが辛くて耐えられなかった</u>のだろう。

（BCCWJ、PB42_00003『インド』）

(49) 独特の言葉遣いや決まり事が多くて、お座敷での会話も<u>先輩芸妓のように滑らかにできず</u>、「<u>つらくて何度も辞めたいと思った</u>」

（読売新聞、2011年5月1日）

　まず（47）は、文中に「あげたい。でもあげられない」とあるように、「あげたい」という気持ちに反してあげることができないことに「つらい」と感じている。続いて（48）は、「世の中に貧しさで苦しんでいる人がいる」という、書き手の望みと異なる良くない事態に「つらい」と感じている。さらに（49）は、「先輩芸妓のように滑らかに」会話したいという望みに反し、滑らかに会話できず、「つらい」と感じている。よって（47）から（49）は、望みと異なる良くない事態に「つらい」と感じていると言うことができる。
　さらに、（48）は「辛くて耐えられなかった」、（49）は「つらくて何度も辞めたいと思った」とあることから、「つらい」は望みと異なる良くない事態に耐えられないと感じるさまを表すと考えられる。

　以上から、「つらい」の意味2は〈望みと異なる良くない事態に〉〈耐えられないと感じる〉〈さま〉である。

4.1.2.3　2 つの意味の関連性について

　意味1（＝〈身体に負担がかかり〉〈耐えられないと感じる〉〈さま〉）では身体的な負担によって耐えられないと感じているが、意味2（＝〈望みと異なる良くない事態に〉〈耐えられないと感じる〉〈さま〉）では望みと異なる良くない事態という、心理的な負担によって耐えられないと感じている。よって、意味1と意味2は、〈負担によって〉〈耐えられないと感じる〉〈さま〉という共通の意味を有している。また、意味1から意味2は、身体を通じた経験から、より心理的な経験へと意味が拡張していると考えられるため、意味2は意味1からメタファーによって成り立っていると言うことができる。

4.2　「くるしい」の意味分析

　続いて「くるしい」の意味を分析する。

4.2.1　先行研究の記述とその検討

　『基礎日本語辞典』は「くるしい」の意味を次のように記述している。

> **くるしい〔苦しい〕**
> がまんできないほど肉体的または精神的に圧迫感を覚え、つらいさま。(p.402)

上の意味記述に加え、次のように説明している。

> 「三千メートル級の山なので呼吸が苦しい」「苦しい息の下で……」のように、
> 一　苦痛を伴う動作を主語や被修飾語に立てる。「字が細かくて目が苦しい」とか「荷物が重くて手が苦しい」のような身体部分を主語に立てる言い方はしないが、二　その部分の全体的な圧迫感なら可能。「強く締めつけられて胸が苦しい」（中略）など。ただし、「苦しい胸」「苦しい胃」「苦しい腕」とはふつう言わない。(p.402)

続いて、『現代形容詞用法辞典』は次のように記述している[29]。

くるしい 〔苦しい〕[30]

【1】肉体的・精神的に苦痛である様子を表す。

　　①水に潜れば息が**くるしい**のは当たり前だ。

【2】【1】の精神的な苦痛の原因を財政面に限定した表現である。すなわち、
　　財政的に困難な様子を表す。

　　①彼は子だくさんで生活が**くるしい**。

【3】【1】から進んだ意味で、精神的な苦痛を感じさせるように不自然な様子
　　を表す。

　　①弱点を突かれて、彼は**くるしい**笑いを浮かべた。（pp.214-215）

　　上述の『基礎日本語辞典』の記述から、「くるしい」は苦痛を伴う動作を主語や
被修飾語に立て、身体部分を主語に立てる言い方はしないことがわかる。また、『基

---

29 『学研国語大辞典　第二版』や『大辞林　第四版』の記述も『現代形容詞用法辞典』と大きく異な
　らない。『学研国語大辞典　第二版』は「くるしい」の意味を次のように記述している。
　くるしい〔苦しい〕
　肉体的または精神的にがまんするのがつらい、という気持ちを起こさせるほどの不快を感じるよう。
　　①からだに何らかの圧迫を加えられてがまんしにくいほどだ。
　　　「息が─・い」
　　②思い悩んだり困惑したりして、がまんできないほどだ。
　　　「自分の家族を自分の手で縛しばるようなことをなすって、お母様は─・くないのですか〈森本・
　　　女の一生〉」
　　③非常な努力を要し、がまんしにくいほどだ。
　　　「─・い危険な訓練をつづけて来たわれわれが、〈阿川・雲の墓標〉」
　　④物や金銭が不足して、がまんしにくいほどだ。
　　　「─・い生活」「─・い財政」
　　⑤解決できないくらいむずかしくて、無理がある。
　　　「─・い説明」「─・い解釈」
　　⑥〈─・しゅうない〉差しつかえない。かまわない。
　　　「─・しゅうない、面をあげよ」
　　　参昔、身分の高い人が目下の人に言ったことば。
　　⑦{接尾語的に動詞の連用形につき、「…ぐるしい」の形で}「…するのがいやだ」「…しにくい」な
　　　どの意を表す。
　　　「見─・い」「聞き─・い」（p.556）
30 『現代形容詞用法辞典』は「くるしい」の4つ目の意味として「名詞、動詞の連用形、形容詞の語幹
　などに付いて、〜（すること）が苦痛な様子を表す」（p.215）と記述している。本書では、名詞、動詞
　の連用形、形容詞の語幹などに「くるしい」がついた表現は考察の対象外とする。

礎日本語辞典』は「くるしい」の意味を「がまんできないほど肉体的または精神的に圧迫感を覚え、つらいさま」と記述している。しかし、次の(50)は「だるさ」によって「くるしい」と感じており、圧迫感によって「くるしい」と感じているのではない。

(50)　手術は一応成功し、ガスも便も通じたのだから、あとは一枚一枚紙をはがすように回復していくはずなのに、三十九度前後の熱が続いて、<u>だるくて苦しい</u>。　　　（BCCWJ、OB3X_00255『人は死ねばゴミになる』）

次に『現代形容詞用法辞典』は、「くるしい」の1つ目の意味を「肉体的・精神的に苦痛である様子を表す」と記述しているが、「くるしい」が感じる苦痛とはどのような苦痛であるのか、より詳細に記述する必要がある。
　以上の先行研究の記述とその検討をふまえ、「くるしい」の意味を分析する。

4.2.2　「くるしい」の意味分析
4.2.2.1　意味1：〈身体内部の異常に〉〈耐えられないと感じる〉〈さま〉
次の5つの例をご覧いただきたい。

(51)　(前略)「うるさい、俺に恥をかかせて済むと思うのか。お前なんか殺してやる」と凄まじい形相で私に馬乗りになって首を絞める。男の力にはとうていかなわない。<u>息がつまり苦しくて</u>ジタバタもがきながらも、殺されてたまるかと気力を振り絞り、夫を思いきり跳ねのけた。
　　　　　（加藤イト子『人生ゆめランナー』文芸社、p.87）
(52)　中毒症状は<u>激しい嘔吐</u>と<u>下痢</u>で相当に<u>苦しい</u>。しかし重態に陥ることはない。　　　（BCCWJ、PB14_00061『世紀を超えて広がる「毒」』）
(53)　手術は一応成功し、ガスも便も通じたのだから、あとは一枚一枚紙をはがすように回復していくはずなのに、<u>三十九度前後の熱が続いて、だるくて苦しい</u>。　　　　　　　　　　　　　　　　　　　　　　（＝(50)）
(54)　三十キロあたりにさしかかりますと、<u>苦しくてもう耐えられないという状態</u>になる地点があります。
　　　　　（中西研二『あなたは、わたし。わたしは、あなた。』VOICE、p.161）

（55）お年寄りは肺炎で亡くなることが多いのですが、何もしないというのは、<u>呼吸が苦しくても酸素吸入はしない、喉がぜいぜい鳴っているのに喀痰吸引もしない、高熱になってもそのまま</u>ということです。これは<u>耐えられないほど苦しい</u>ことです。

（吉岡充・村上正泰『高齢者医療難民』PHP 研究所、p.89）

　まず（51）から（53）を見ると、（51）は「息がつまり」とあるように呼吸ができないこと、（52）は激しい嘔吐と下痢、（53）は高熱が続いて体がだるいことによって「くるしい」と感じている。よって、（51）から（53）は身体内部の異常により、「くるしい」と感じていると言える。

　また（54）では、マラソンで三十キロあたりにさしかかると「苦しくてもう耐えられないという状態になる」と述べ、（55）では「呼吸が苦しくても酸素吸入はしない、喉がぜいぜい鳴っているのに喀痰吸引もしない、高熱になってもそのまま」というのは「耐えられないほど苦しい」と述べている。よって（54）と（55）から、「くるしい」は、身体内部の異常に耐えられないと感じるさまであると考えられる。

　以上から、「くるしい」の意味1は〈身体内部の異常に〉〈耐えられないと感じる〉〈さま〉と言うことができる。

4.2.2.2　意味2：〈良くない状況となり〉〈状況を好転させるのが困難であると感じる〉〈さま〉

次の 3 つの例をご覧いただきたい。

（56）（前略）その後も<u>天災が続き</u>、馳走米の増額、宝蔵銀用心米の流用、非常倹約令の実施等努力が続けられたが、<u>財政はますます苦しくなっていた</u>。1751（宝暦1）年、この<u>財政逼迫</u>の時宗弘が没し、（後略）。

（林三雄『長州藩の経営管理』文芸社、p.59）

（57）「ことここに至ったらもう降伏しよう」という発想それ自体が、当時の日本軍人には絶対的なタブーだった。日本軍には降伏という言葉はなかったのである。しかし、首相・外相・陸相・海相、あるいは参謀総長や軍令部総長がそれとなく<u>見込みのない苦しい戦局</u>を伝え、それと察した天皇が、

自らの発意で戦争をやめよう、降伏しようと言えば、話は別なのだった。

（太平洋戦争研究会『第 2 次世界大戦がよくわかる本』PHP 研究所、pp.311-312）

（58）大江裁判のもう一つのハイライトは、座間味村役場の援護係（のちペンショ
　　ン経営）だった宮村幸延が、自決命令は助役だった実兄が出したものだが、
　　援護法で年金をもらうために梅澤隊長の命令と偽ったことを認め、梅澤あて
　　の詫び状を書き、署名捺印してある現物を法廷に提出したので、大騒ぎに
　　なりました。

　　ところが、大江側の弁護団は来島した梅澤が宮村に泡盛を飲ませ、酔わ
　　せてむりやり書かせたと<u>苦しい弁解</u>をしたときは、私は思わず笑っちゃった。

（秦郁彦『沖縄戦「集団自決」の謎と真実』PHP 研究所、p.139）

　まず（56）では財政が「くるしい」と「財政逼迫」が同じような意味を表してい
ると考えられることから、財政が行きづまり、努力を続けても状況を好転させるの
が困難であると感じるさまを「くるしい」と言っている。また（57）は、劣勢となり、
戦争に勝つ見込みがないというように、状況を好転させるのが困難であると感じる
さまを「くるしい」と表している。さらに（58）は、弁護団の弁解の内容に無理が
あり、人を納得させることが困難であると感じるさまを「くるしい」と述べているこ
とから、良くない状況となり、状況を好転させるのが困難であると感じるさまを表し
ていると考えられる。

　以上から、「くるしい」の意味 2 は〈良くない状況となり〉〈状況を好転させるの
が困難であると感じる〉〈さま〉と言うことができる。

4.2.2.3　2 つの意味の関連性について

　意味 1（＝〈身体内部の異常に〉〈耐えられないと感じる〉〈さま〉）と意味 2（＝〈良
くない状況となり〉〈状況を好転させるのが困難であると感じる〉〈さま〉）の関連
性について考察する。意味 1 と意味 2 は〈良くない事態に〉〈どうすることもできない
と感じる〉〈さま〉という共通の意味を有している。また、意味 1 から意味 2 は、身
体の直接的な経験から、より心理的な経験へと意味が拡張しているため、意味 2
は意味 1 からメタファーによって成り立っていると言うことができる。

4.3 「つらい」と「くるしい」の類似点と相違点について

　「つらい」と「くるしい」の意味の類似点と相違点については、先行研究で十分に議論されているため、それらの記述を検討することで、両語の類似点と相違点を確認する。

　『基礎日本語辞典』は「つらい」と「くるしい」について、一 苦痛を伴う動作を主語や被修飾語に立て、その動作を行う人間や、そのことに当たる人間が苦痛を感じる場合、「息をするのも苦しい／つらい」「苦しい／つらい修行」「深夜作業は苦しい／つらい」のように「くるしい」を「つらい」で置き換えることができるが、「くるしい」には肉体的、生理的苦痛の気持ちが強く、「つらい」には精神的苦痛の色合いが濃いと述べている (p.402)[31]。

　『基礎日本語辞典』の主張が妥当であることは、次の (59) で確認することができる。

> (59) 家に着いた時刻は夜の9時。懲りずにビールを飲みながらふと思うこと。「ヒロさん‥‥‥何時に帰れるのかな〜。。。。」いや〜、楽しくもあり苦しく（??つらく）もあった（核爆）2日間でした。
> 　　　　　　　　　　　　　　　　（BCCWJ、OY05_06011、Yahoo！ブログ）

　(59) のように「楽しくもあり苦しくもあった」と表現することは可能であるが、この「くるしい」を「つらい」に置き換えると不自然な表現となる。これは、「くるしい」の意味は肉体的苦痛に重点が置かれているのに対し、「つらい」の意味は精神的苦痛に重点が置かれているため、「つらい」と「たのしい」という対立する精神状態を示す表現が共起しないことによると考えられる。

　ただし、「くるしい」は身体内部の異常によって生じるものであるため、身体内部の異常を表さないものは「くるしい」と表現することができない。

31　『ちがいがわかる類語使い分け辞典』も、「くるしい」は肉体的苦痛に、「つらい」は精神的苦痛に重点が置かれる感じがあると述べている (p.163)。

（60）（前略）今は、痛い方の肩を上にして横向きで寝ています。忘れて仰向けに
　　　なると困るので、掛け布団を丸めて体の横に置いてます。<u>起きる時、ちょっ
　　　と辛い</u>（??<u>くるしい</u>）。座る、歩くはゆっくりなら大丈夫。座る〜立つまで
　　　<u>の姿勢を変えるときが辛い</u>（??<u>くるしい</u>）。

　　　　　　　　　　　　　　　（http://nanatomama.exblog.jp/d2011-07-29/）

　　（60）のように、肩が痛く、「起きる時」や「姿勢を変えるとき」に「つらい」と
表現することはできるが、「つらい」を「くるしい」に置き換えると不自然な表現となる。
　　次に『現代形容詞用法辞典』は、精神的に苦痛である場合には、「くるしい」は「つ
らい」に近い意味になるが、「つらい」は苦痛を感じている主体の不快感にポイント
があるのに対して、「くるしい」は苦痛の状態のほうに視点のある点が異なると述べ
ている（p.215）。『現代形容詞用法辞典』の記述の妥当性は次の例によって確認
できる。

（61）「ことここに至ったらもう降伏しよう」という発想それ自体が、当時の日本
　　　軍人には絶対的なタブーだった。日本軍には降伏という言葉はなかったの
　　　である。しかし、首相・外相・陸相・海相、あるいは参謀総長や軍令部
　　　総長がそれとなく<u>見込みのない苦しい</u>（つらい）<u>戦局</u>を伝え、それと察し
　　　た天皇が、自らの発意で戦争をやめよう、降伏しようと言えば、話は別な
　　　のだった。　　　　　　　　　　　　　　　　　　　　　　　　（＝（57））
（62）（前略）女はこの泥亀と関係を持つようになった。そうなると梅吉に<u>辛く</u>（??
　　　<u>くるしく</u>）<u>当たる</u>ようになり、毎日梅吉を役立たず呼ばわりした。（＝（40））

　　（61）の「くるしい」は、〈良くない状況となり〉〈状況を好転させるのが困難であ
ると感じる〉〈さま〉（意味2）を表している。「くるしい」を「つらい」に置き換える
と、見込みのない戦局に対し、日本軍人が〈耐えられないと感じる〉〈さま〉（意味
2）を表すと考えられる。このように、「つらい」は「くるしい」よりも、苦痛を感じ
ている書き手あるいは話し手の不快感をより強く表すため、（62）のように、「つら
い」がある人（梅吉）の精神的苦痛を表す場合、「つらい」を「くるしい」に置き換
えると不自然な表現となる。

以上の先行研究の記述とその検討から、「つらい」と「くるしい」はともに〈人間が苦痛を感じる〉〈さま〉を表すが、「くるしい」は肉体的、生理的苦痛をより強く表し、「つらい」は精神的苦痛をより強く表すと言うことができる。ただし、「くるしい」は身体内部の異常によって生じる感情であるため、身体内部とは直接関係のないものに対しては「くるしい」を用いることができない。また、精神的苦痛を表す場合、「つらい」と「くるしい」の意味は類似しているが、「つらい」は「くるしい」よりも苦痛を感じている人の不快感をより強く表すという違いがある。

4.4　「つらい」と「かなしい」の類似点と相違点について

　意味が類似していると考えられる「つらい」と「かなしい」の類似点および相違点について考察する。

4.4.1　先行研究の記述とその検討

　『現代形容詞用法辞典』は、「つらい」と「かなしい」の意味について、「精神的な苦痛を表す意味で『かなしい』は『つらい』に似ているが、『つらい』は意味の範囲が広く、さまざまな感情においてたえがたいという意味を表すのに対して、『かなしい』は悲哀に限定される点が異なる」（p.154）と述べている。

　上の記述から、「つらい」と「かなしい」は「精神的な苦痛を表す」という点で意味が類似していることがわかる。また両語の意味の違いについては、次の（63）のように、身体に負担がかかることによって苦痛を感じることを「つらい」と表現することはできるが、「つらい」を「かなしい」に置き換えると不自然な表現となる。

　　（63）花粉症で目がかゆくてつらい（??かなしい）です。　　　　　　（＝（44））

　『現代形容詞用法辞典』の記述により、「かなしい」は「悲哀」を表すのに対し、「つらい」は「かなしい」よりも「意味の範囲が広く、さまざまな感情においてたえがたいという意味を表す」という違いがあることが確認できる。以下では、その他の「つらい」と「かなしい」の相違点について考察する。

4.4.2 「つらい」と「かなしい」の類似点と相違点について

次の例をご覧いただきたい。

(64)「女の子にとって髪はすごく大切。どんどん抜けていく悲しい（つらい）気
持ち、わからないでしょう。」 　　　　　（中日新聞、2008 年 8 月 5 日）

　（64）は大切な髪が抜けていくことに「かなしい」（＝〈思いと異なる良くない事
態に〉〈気持ちが沈む〉〈さま〉）と感じている。（64）の「かなしい」を「つらい」
に置き換えてもその語を含む文の意味が大きく異ならない。ここでの「つらい」は
意味 2（＝〈望みと異なる良くない事態に〉〈耐えられないと感じる〉〈さま〉）を表
すことから、「かなしい」と「つらい」の意味 2 が類似していると考えられる。また、「つ
らい」の意味 2 と「かなしい」の共通の意味は、〈思いと異なる良くない事態に〉〈精
神的苦痛を感じる〉〈さま〉と言うことができる。
　次に、「つらい」の意味 2 と「かなしい」の相違点について考察する。次の 2 つの
例をご覧いただきたい。

(65) 政治家と親密な関係を持たない公務員にとって、自分の業績を政治家に見
落とされることはとても辛い（??かなしい）。政治家に評価されなければ、
せっかくの仕事が昇進のポイントにならないからだ。だから通常、平均的
公務員は、自分の職務に関わっている政治家の利益に反するような行為は
避けたがる。　　　　（BCCWJ、LBt3_00128『巨大市場インドのすべて』）
(66) 一時とはいえ母親代わりとして育ててきた子供と別れるのは、きっと身を切
られるように辛い（??かなしい）ことだったに違いない。
　　　　　　　　（後藤真理子『マリベル―マヤの国から来た天使』文芸社、p.7）

　（65）は自分の業績を政治家に見落とされること、（66）は子供と別れること
を「つらい」と感じているが、（65）と（66）の「つらい」を「かなしい」に置き換
えると不自然な表現となる。（65）では、「つらい」と感じる理由は「政治家に評価
されなければ、せっかくの仕事が昇進のポイントにならないからだ」とあるように、
書き手の望みと異なる良くない事態によって、書き手が大きなダメージを受けるため、

耐えられないと感じている。また（66）では、「子供と別れるのは、きっと身を切られるように辛い」とあるように、子供と別れることにより、「身を切られる」ほどの精神的ダメージを受けるため、耐えられないと感じるさまを表している。（65）と（66）から、「つらい」の意味2は、大きな精神的ダメージを受けることによって、耐えられないと感じるさまを表すと言うことができる。

　一方の「かなしい」は、気持ちが沈むさまを表す。この点について次の2つの例をご覧いただきたい。

（67）八月の白山市内での交通死亡事故は二件。いずれも157号だ。<u>悲しい（??</u>
　　　<u>つらい）事故</u>が続いている。　　　　　　　　（中日新聞、2009年9月4日）
（68）私は<u>ちょっぴり哀しく（??つらく）</u>なった。室さんと私は、所詮そういう
　　　宿命のめぐりあわせでしかないのか。

　　　　　　　　　　　　　　　　　　（BCCWJ、OB2X_00344『演歌の虫』）

　（67）は、他人が交通事故で死亡したことに「かなしい」と感じている。（67）のように、自身にはあまり関係のない悲劇に対して「かなしい」と表現することはできるが、「かなしい」を「つらい」に置き換えると不自然な表現となる[32]。また、（68）のように、「つらい」が程度が低いさまを表す「ちょっぴり」という副詞と共起すると不自然な表現になるのも、「つらい」が表す精神的苦痛が大変強いものであるからだと考えられる。

　以上から、「つらい」の意味2と「かなしい」が類似しており、〈思いと異なる良くない事態に〉〈精神的苦痛を感じる〉〈さま〉という共通の意味を有するが、「つらい」が表す精神的苦痛というのは耐えられないというように、大変強いものであるのに対し、「かなしい」が表す精神的苦痛は「つらい」のように強いものではないという違いがある。

32　自身にはあまり関係のない悲劇であっても、悲劇にあった人の立場に立って「つらい」と表現することは可能である。次の例は、丹誠込めて作った農作物が台風によってなぎ倒されるなどの被害にあった人の立場に立って「つらい」と感じている。
・台風18号は「あいにく」の日本縦断コースをたどり、全国各地に被害をもたらした。リンゴなど果樹もだいぶ被害が出ていたし、せっかくの稲穂がなぎ倒されてしまった映像もあった。<u>丹誠込めて農作物に向き合ってきた方々にとっては、さぞつらかろうと思う。</u>　（南日本新聞、2009年10月10日）

5. 「せつない」と「やるせない」の意味分析
5.1　先行研究の記述とその検討

　『大辞林　第四版』と『現代形容詞用法辞典』の記述を見ると、「せつない」と「やるせない」の意味を次のように記述している[33]。

　せつない[切ない][34]
　（寂しさ・悲しさ・恋しさなどで）胸がしめつけられるような気持ちだ。つらくやるせない。
　「―・い胸の内を明かす」　　　　　　　　（『大辞林　第四版』、p.1525）

　せつない[切ない]
　感情が高揚して胸がしめつけられるような気持ちを表す。
　①彼女に対する**せつない**思いはやり場がなかった。
　②子供をなくした母親はさぞ**せつない**ことだろう。
　　　　　　　　　　　　　　　　　　（『現代形容詞用法辞典』、p.318）

　やるせない[遣る瀬無い]
　①思いを晴らすことができずせつない。つらく悲しい。
　　「片思いの―・い気持ち」
　②施すべき手段がない。どうしようもない。
　　「見る人―・く立ち塞がり、海道塞げて人を通さず」
　　　　　　　　　　　　　　　　　　（『大辞林 第四版』、p.2773）

33　『学研国語大辞典　第二版』の記述も『大辞林　第四版』の記述と大きく異ならない。
　　『学研国語大辞典　第二版』は次のように記述している。なお、「せつない」については、現代語の意味とは考えられない①の意味は取りあげず、②の意味を記述する。
　　せつない[切ない]
　　[悲しさ・さびしさなどで]胸がしめつけられるようにつらい。やりきれない。やるせない。
　　「―・ほどの愛情が、どっと私の胸にあふれた〈梅崎・桜島〉」　（p.1074）
　　やるせない[遣る瀬無い]
　　[苦しさ・悲しさなどの]気を晴らす手段がない。
　　「君と別れて取り放されたように淋しく疲れた私の胸は又もや―・い倦怠に襲われねばならなかった〈倉田・愛と認識…〉」　（p.1987）
34　『大辞林　第四版』には「せつない」の意味が5つ掲載されているが、②から⑤は現代語の意味とは考えられないため、①の意味のみ取りあげる。

やるせない〔遣る瀬無い〕

感情をもてあまして憂鬱になっている様子を表す。

①世間の人に見捨てられて**やるせない**日々を送る。[35]

（『現代形容詞用法辞典』、p.573）

　まず「せつない」の意味記述を見ると、『大辞林　第四版』と『現代形容詞用法辞典』は「胸がしめつけられるような気持ち」を表すと記述している。しかし、次の（69）のような「せつない」の例も見られる。

（69）"僕はアソビーナじゃない！　僕だって本当はじっと座って勉強したいんだ！　その努力をしてるんだ！"という強い思いの訴えであった。"気がつくとついフラッと席を立っている自分…、自己中心的で遊びたくて、授業中に立ち歩くんじゃない！　本当の僕を分かってほしい！　誤解しないでほしい！"という切ない思いがにじんでいた。

（佐藤慎二『通常学級の特別支援』日本文化科学社、p.13）

　（69）は、「本当の僕を分かってほしい」あるいは「誤解しないでほしい」と願うような思いを「せつない」と表している。このような「せつない」の意味についても分析する必要がある。

　続いて「やるせない」の記述を見ると、『大辞林　第四版』は「やるせない」の1つ目の意味を「せつない」を介して記述しており、「やるせない」の意味が明らかにされているとは言いがたい。

　以上の先行研究の記述とその検討をふまえ、以下で「せつない」と「やるせない」の意味を分析する。

5.2　「せつない」の意味分析

　まず、「せつない」の意味を分析する。

35　①の例は『現代形容詞用法辞典』では②の例として載っている。『現代形容詞用法辞典』であげられている①の例には「やるせなさ」という名詞が使われているため、ここでは載せないこととする。

5.2.1　意味 I：〈思いが叶わない状況になった後も〉〈思いを断ち切れずにいる〉〈さま〉

次の 3 つの例をご覧いただきたい。

（70）日本相撲協会は大相撲初場所初日の九日、場内の全席禁煙をスタートさ
せた。（中略）
愛煙家の新潟県燕市、男性会社員（73）は「二時間ぐらいは我慢できるけ
ど、切ないねえ」と未練を残す。　　　（読売新聞、2005 年 1 月 10 日）

（71）著名人も多く滞在し、百四十年の歴史を誇る長岡市の成願寺温泉「養寿館」
は十月三十日で廃業した。庭の手入れをしていた十三代目の高野興一社長
（77）は「せつないねえ」と名残を惜しむ。

（読売新聞、2004 年 11 月 10 日）

（72）夏休みの終わりが近づいてニューヨークに戻る日が来た時、「早く帰りたい」
と思って日本を発った事は一度もありません。毎年必ず未練が残って、私
も妹も日本を離れたくない気持ちでいっぱいになります。朝早く成田に向
かう時の道のりは本当に切なくて、来た道を何度も振り返っては母に「早く
しなさい」とせかされて進みます。

（皆本飛鳥『世界人で行こう！』文芸社、p.109）

　（70）は場内で喫煙できなくなったこと、（71）は経営していた温泉が廃業したこ
と、（72）は日本を離れなければならないことに「せつない」と感じている。よっ
て、（70）から（72）は、思いが叶わない状況に「せつない」と感じていると言う
ことができる。
　また、（70）と（71）では「せつない」という発言が「未練を残す」あるいは「名
残を惜しむ」と解釈されており、（72）では「切なくて、来た道を何度も振り返って」
とあることから、「せつない」は思いが叶わない状況になった後も、思いを断ち切れ
ずにいるさまを表している。
　以上から、「せつない」の意味 I は〈思いが叶わない状況になった後も〉〈思いを
断ち切れずにいる〉〈さま〉と言うことができる。

5.2.2 意味2：〈容易に願いが叶わない状況において〉〈どうにかして願いが叶ってほしいと思う〉〈さま〉

次の3つの例をご覧いただきたい。

(73) 今年こそ「我が家の娘が結婚してくれないかなあ……」と、ひそかに願っている。毎年祈り続けている親心を知ってか知らずか、娘は「自分に合う人がいればいつでもするよ」と言う。この<u>せつない</u>思いが喜びに変わるのは、いつの日のことやら。　　　　　　　　　　（読売新聞、2005年1月5日）

(74) 子供向けのサイト「キッズ@ nifty」(http://kids.nifty.com) が募集したところ、さまざまなおまじないが寄せられた（中略）。「プリクラを撮る時にすきな人の名前の数だけハートマークのスタンプをおす」「ピンクの油性ペンでハートマークを描いた丸い小石を握って告白する」など、<u>切ない気持ち</u>がうかがえるものばかり。　　　　　　　　　（読売新聞、2004年2月14日）

(75) "僕はアソビーナじゃない！　僕だって本当はじっと座って勉強したいんだ！その努力をしてるんだ！"という強い思いの訴えであった。"気がつくとついフラッと席を立っている自分…、自己中心的で遊びたくて、授業中に立ち歩くんじゃない！　<u>本当の僕を分かってほしい</u>！　<u>誤解しないでほしい</u>！"という<u>切ない</u>思いがにじんでいた。　　　　　　　　　　　（＝ (69)）

　まず (73) は、娘がなかなか結婚しないため、今年こそ結婚してほしいと思うさまを「せつない」と表している。続いて (74) は、恋という自分の力では成就させるのが困難なことに対し、さまざまなおまじないを用いることで願いが叶ってほしいと思うさまを「せつない」と表している。さらに (75) は、自身の気持ちがなかなか理解されないため、「本当の僕を分かってほしい」あるいは「誤解しないでほしい」と思うさまを「せつない」と表している。このように、(73) から (75) の「せつない」は、容易に願いが叶わない状況において、どうにかして願いが叶ってほしいと思うさまを表している。

　以上から、「せつない」の意味2は〈容易に願いが叶わない状況において〉〈どうにかして願いが叶ってほしいと思う〉〈さま〉である。

5.2.3　意味3:〈困難な状況においても、懸命に立ち向かう他者の姿に〉〈胸が あつくなる〉〈さま〉

次の 3 つの例をご覧いただきたい。

(76)　主人公はリアムというこの時はまだ 15 歳の少年。刑務所にいる母親が悪事を働いている恋人と縁を切り、親子でささやかな暮らしをするのが夢だ。でも貧しいので、お金のためにヤバイ仕事をするようになり、有能だった彼はその世界で出世して豪邸を買うまでに。しかしいくらパリッとしたスーツを着ても、まだ幼さの残る 15 歳。そんなに<u>何もかも 1 人で背負っちゃって、崩れそうになりながら踏ん張っている姿が切なくて</u>。

(夏りょうこ『シネマチックな夜』文芸社、pp.80-81)

(77)　森　(前略) 彼らはビートの取り方が白人とは違う。リズムを刻むのでも、ボディそのものが波打つように動くので大した動きをしていないんだけど、魅せられてしまうんだ。あの時、彼の祖国への複雑な思いや家族への気持ちなんかを、曲とボディのムーブメントで表現している姿が<u>切なくて</u>ね、<u>胸が熱くなった</u>。

西尾　その<u>切ない</u>感じ、泣けてくる感じって素敵ですよね。見ている方は感動する。　(西尾奈保『心と身体・心地よさの法則』文芸社、p.106)

(78)　クリスマスに自慢の髪を売って夫に時計の鎖を買う妻と、時計を売って妻に髪飾りを買う夫。この若夫婦の<u>切ない</u>物語に<u>感動した</u>。

(読売新聞、2004 年 2 月 16 日)

　(76) は「何もかも 1 人で背負っちゃって、崩れそうになりながら踏ん張っている」少年の姿といった、困難な状況においても懸命に立ち向かう他者の姿に「せつない」と感じている。続いて (77) は、ある人たちが、祖国や家族への気持ちを曲と体の動きで表現するという難しいダンスに挑戦し、懸命に祖国や家族への気持ちを表現している姿を見て「せつない」と感じ、「胸が熱くなった」と表現している。よって、(77) の「せつない」は難しいダンスに挑戦し、懸命に表現しようとしている姿を見て胸があつくなるさまを表している。また (78) では、若夫婦が経済的に余裕のない中、相手にクリスマスプレゼントを贈ろうとする姿に「せつない」と感じ、「感動した」

とある。困難な状況においても懸命に立ち向かう他者の姿に胸があつくなることで、「感動」へ結びついていると考えられる。

　以上から、「せつない」の意味3は、〈困難な状況においても、懸命に立ち向かう他者の姿に〉〈胸があつくなる〉〈さま〉と言うことができる。

5.2.4　3つの意味の関連性について

　まず、意味1（＝〈思いが叶わない状況になった後も〉〈思いを断ち切れずにいる〉〈さま〉）と意味2（＝〈容易に願いが叶わない状況において〉〈どうにかして願いが叶ってほしいと思う〉〈さま〉）の関係は、メトニミーによって説明できる。すなわち、願いを叶えることが困難な状況において、どうにかして願いが叶ってほしいと思っている（意味2）が、その思いが叶わない状況となり、思いが叶わない状況になった後も思いを断ち切れずにいる（意味1）というように、意味2と意味1は連続して生じると考えられる。

　さらに、意味3（＝〈困難な状況においても、懸命に立ち向かう他者の姿に〉〈胸があつくなる〉〈さま〉）と意味2の関係について考察する。意味2は、容易に願いが叶わないという困難な状況においてどうにかして願いが叶ってほしいと思うさまを表している。よって、意味2と意味3は〈困難な状況において生じる感情〉という共通の意味を有していることから、意味2と意味3は類似しており、意味3は意味2からメタファーにもとづき成り立っている。

5.3　「やるせない」の意味分析

　続いて「やるせない」の意味を分析する。次の3つの例をご覧いただきたい。

（79）「災害だから、誰も恨むわけにもいかない。本当にやるせない。もう少し早く助け出していれば……。」救出にあたった近所の男性（52）はうつむき、唇をかんだ。　　　　　　　　　　　　　　　　（読売新聞、2004年10月30日）

（80）容疑者逮捕の報に、事件で亡くなった井本さんの近所に住む無職女性（73）は「被疑者が否認し、物証も見つかっていないので、もどかしくてやるせない気持ちです。とばっちりに遭って亡くなり、気の毒でならない」と表情を曇らせていた。　　　　　　　　　　　　　　（読売新聞、2005年3月11日）

（81）出張の折には欠かさず訪ねた。今回も楽しみに足を運んだら、そこにはラー
　　　メン屋があった。学生時代がまた遠くなったような、やるせない気持ちに
　　　なった。　　　　　　　　　　　　　　　　　（読売新聞、2003年9月27日）

　まず（79）は、知人が亡くなったことへの恨みをぶつけるところもなく、気持ちの
やり場がないさまを「やるせない」と表している。続いて（80）は、「被疑者が否認
し、物証も見つかっていない」ことをもどかしく思い、気持ちのやり場がないさまを
「やるせない」と表している。さらに（81）は、「出張の折には欠かさず」、そして「楽
しみに」訪ねていた店がなくなっていたことを惜しみ、気持ちのやり場がないさまを
「やるせない」と表している。このように（79）から（81）の「やるせない」は、受
け入れがたい事態にどうすることもできず、気持ちのやり場がないさまを表している。
　以上から、「やるせない」の意味は、〈受け入れがたい事態に〉〈どうすることもで
きず、気持ちのやり場がない〉〈さま〉と言うことができる。

5.4　「せつない」と「やるせない」の類似点と相違点について
　分析結果をもとに、「せつない」と「やるせない」の類似点と相違点について検
討する。

5.4.1　先行研究の記述とその検討
　「せつない」と「やるせない」の意味の違いについて記述している『現代形容詞
用法辞典』と『似た言葉使い分け辞典』を概観し、その記述を検討する。

　　　「せつない」は「やるせない」に似ているが、「やるせない」が感情をもてあまし
　　　て憂鬱になっている暗示があるのに対して、「せつない」はもっと切迫していて
　　　つらく感じる程度も大きい。　　　　　　　（『現代形容詞用法辞典』、p.318）
　　　やるせないは、〈辛い〉〈切ない〉より更に、辛い気持ちをどこにも持っていき
　　　ようがないという、やりきれない気分を強調する言葉。
　　　　　　　　　　　　　　　　　　　　　　　（『似た言葉使い分け辞典』、p.337）

　上のように『現代形容詞用法辞典』は「せつない」の方がマイナスの感情の程度

が高いと考えているのに対し、『似た言葉使い分け辞典』は「やるせない」の方がマイナスの感情の程度が高いと考えている。

　また、『現代形容詞用法辞典』と『似た言葉使い分け辞典』は「せつない」と「やるせない」の意味の違いを「つらい」を用いて説明しており、両語の違いが明確に示されているとは言いがたい。

　よって、以下で「せつない」と「やるせない」の意味の類似点及び相違点について実例をもとに明らかにする。

5.4.2 「せつない」と「やるせない」の類似点と相違点について

　次の 2 つの例をご覧いただきたい。

(82)「飛べない白鳥の姿は本当に切ない（やるせない）もの」と語る堀内さんは、これからも「ピーちゃん」を大切に育てていくという。

（読売新聞、2004 年 11 月 20 日）

(83) 出張の折には欠かさず訪ねた。今回も楽しみに足を運んだら、そこにはラーメン屋があった。学生時代がまた遠くなったような、やるせない（せつない）気持ちになった。

（＝ (81)）

　(82) は「せつない」の意味 1（＝〈思いが叶わない状況になった後も〉〈思いを断ち切れずにいる〉〈さま〉）で説明可能な例である。(82) は、白鳥が飛べないことを受け入れがたい事態と捉えることもできるため、「せつない」を「やるせない」（＝〈受け入れがたい事態に〉〈どうすることもできず、気持ちのやり場がない〉〈さま〉）と表現することが可能である。

　また (83) は、ある店がなくなった後も、その店への思いを断ち切れずにいると捉えることができるため、「やるせない」を「せつない」と表現することが可能である。よって、「せつない」の意味 1 と「やるせない」の意味が類似していると考えられる。

　さらに、「せつない」と「やるせない」の共通の意味について考えると、「やるせない」の〈どうすることもできず、気持ちのやり場がない〉という意味は、ある対象に対する思いを持ち続けているため、その思いのやり場がないということを表していると考えられる。よって、「せつない」と「やるせない」の共通の意味は、〈思いを断ち

切れずにいる〉〈さま〉と言うことができる。

　しかし、次の（84）と（86）の「せつない」は意味Iを表すが、「やるせない」に置き換えると不自然な表現となる。また、次の（85）の「やるせない」を「せつない」に置き換えると不自然な表現となる。

（84）中越地震で大破したとき、「きれいな鉄筋の校舎に建て替えられるかも」と期待したこともあった。が、いざ取り壊しとなると、<u>ちょっと切ない</u>（??<u>やるせない</u>）。　　　　　　　　　　　　　　（読売新聞、2006 年 3 月 30 日）

（85）「災害だから、誰も恨むわけにもいかない。本当に<u>やるせない</u>（??<u>せつない</u>）。もう少し早く助け出していれば……。」救出にあたった近所の男性(52)はうつむき、唇をかんだ。　　　　　　　　　　　　　　　　　　　　　（＝(79)）

（86）生まれてきた広志は紫色をして息をすることもできませんでした。幸いにも一命を取り留め、今も何とかがんばって生きています。ミルクを自分で飲むこともできず、10 分から 15 分おきに吸引をしてのどの痰を取ってやらねばならず、今も病院でお世話になっています。　先日呼吸を楽にするために気管切開をしました。大切なコミュニケーション手段だった声が出なくなり、私自身とても<u>切ない</u>（??<u>やるせない</u>）気持ちです。<u>いつか何らかの形で</u><u>意思疎通ができるようになることを期待しています。</u>

　　　　　　　　　（http://www.nhk.or.jp/kira/09iken/20008_12.html）

　まず、（84）の「せつない」を「やるせない」に置き換えると不自然な表現となるのは、「やるせない」が「ちょっと」といった程度がわずかなさまを表す副詞と共起しにくいという点にあると考えられる。「せつない」の意味Iは、ある対象への書き手の思いの程度によって、思いを断ち切れずにいる程度も異なり、マイナスの感情がある程度高いものから低いものまで含んでいる。そのため、「ちょっと切ない」と表現することが可能である。それに対して、「やるせない」はマイナスの感情の程度が低いものは表せないため、「ちょっとやるせない」は不自然な表現と感じられる。

　一方、（85）の「やるせない」を「せつない」に置き換えると不自然な表現となるように、知人の死に対するやり場のない悲しみというような、胸を痛める程度が非常に高いものを表す場合には「せつない」を用いることができない。このように、「せ

つない」は、マイナスの感情の程度がある程度高いものから低いものまで含むと言っても、非常に程度が高いものは表せず、程度の高さには限りがあると考えられる。

さらに（86）では、息子の声が出なくなったことに「せつない」と感じながらも、「いつか何らかの形で意思疎通ができるようになることを期待しています」とあるように、前向きな姿勢が読み取れ、強い悲痛や落胆を表しているのではない。そのため、（86）の「せつない」を「やるせない」に置き換えると、声が出なくなったことを嘆き悲しんでいるといった意味になるため、不自然な表現となる。

以上から、「せつない」の意味Iと「やるせない」の意味に類似点があり、〈思いを断ち切れずにいる〉〈さま〉という共通の意味を有すると考えられる。しかし、「せつない」はマイナスの感情が非常に高いものを除き、ある程度マイナスの感情が高いものから低いものまでを表すのに対し、「やるせない」はマイナスの感情が低いものに対しては用いることができないという相違点があると言うことができる。

第8章 〈昂〉の感情を表す形容詞

I. 本章の目的

　本章では、〈昂〉の感情を表す「じれったい」「もどかしい」「はがゆい」を取りあげ、それぞれの語の意味分析を行うとともに、それらの意味の類似点および相違点を明らかにする。

2.「じれったい」「もどかしい」「はがゆい」の意味分析

2.1　先行研究の記述とその検討

　『大辞林　第四版』と『現代形容詞用法辞典』の意味記述を概観し、それらの記述を検討する。

　まず、「じれったい」は次のように記述している[36]。

　じれったい [焦れったい]
　[近世以降の語] 早くそうなればいいと思っているのに、なかなか進まないので、じっとしていられない。はがゆい。もどかしい。
　「また三振とは―・い試合だ」「ああ、―い」（『大辞林　第四版』、p.1382）
　じれったい [焦れったい]
　思うようにならなくて焦燥を感じる様子を表す。
　①彼の悠長な話し方は**じれったくて**しょうがない。
　　　　　　　　　　　　　　　　　　（『現代形容詞用法辞典』、p.292）

---

36 『学研国語大辞典　第二版』の「じれったい」の記述も、『大辞林　第四版』や『現代形容詞用法辞典』の記述と大きく異ならない。『学研国語大辞典　第二版』は次のように記述している。
　　じれったい [焦れったい]
　　[物事が思うようにならないで] いらだたしい。はがゆい。もどかしい。
　　「這麼こんなに遅々ぐづぐづして居りましたら、然さぞ貴方―・くて被居いませう〈尾崎・金色夜叉〉」
　　　　　　　　　　　　　　　　　　　　　　　　　　　　　　　　（p.970）

103

続いて、「もどかしい」は次のように記述している[37]。

もどかしい[38]

物事が思うように進まずいらいらする。じれったい。はがゆい。

「うまく表現できなくて―・い」「食事をする間も―・く原稿を書きつづける」

（『大辞林　第四版』、p.2723）

もどかしい〔擬かしい〕

早く目的に達しようとして焦燥を感じる様子を表す。

①彼女は**もどかしい**手つきで封を切った。　（『現代形容詞用法辞典』、p.556）

さらに、「はがゆい」は次のように記述している[39]。

はがゆい〔歯痒い〕

思いどおりにならずじれったい。もどかしい。

「彼の仕事ぶりはまったく―・い」「この程度のことであきらめるとは―・い奴だ」

（『大辞林　第四版』、p.2172）

はがゆい〔歯痒い〕

思うようにならなくて焦燥を感じる様子を表す。

①彼のやり方はてぬるくてなんとも**はがゆい**。

（『現代形容詞用法辞典』、p.451）

上述のように、『大辞林　第四版』では、「じれったい」の意味に「もどかしい」

37　『学研国語大辞典　第二版』の「もどかしい」の記述も、『大辞林　第四版』や『現代形容詞用法辞典』の記述と大きく異ならない。『学研国語大辞典　第二版』は次のように記述している。
　　もどかしい
　　〔自分の気持ちとは逆に、物事がなかなか進まず〕いらいらする。じれったい。
　　「部下のテロリストには、この慎重さが、―・く思われるくらいであった〈大仏・地霊〉」（p.1949）
38　「もどかしい」には２つの意味が記述されているが、②の意味は現代語の意味とは考えられないため、①の意味のみ取りあげる。また、「もどかしい」の漢字表記は掲げられていない。
39　『学研国語大辞典　第二版』の「はがゆい」の記述も、『大辞林　第四版』や『現代形容詞用法辞典』の記述と大きく異ならない。『学研国語大辞典　第二版』は次のように記述している。
　　はがゆい〔歯痒い〕
　　思いどおりにならなくて心がいらだつ状態である。じれったい。もどかしい。
　　「一つところをぐるぐるまわっているような―・いスランプ状態が続いていた〈円地・老桜〉」（p.1546）

と「はがゆい」が記述されていることから、３語は類義語であることが確認できる。しかし、『大辞林　第四版』の意味記述を見ても、それぞれの語がどのような意味を表しているのか理解するのが困難である。

また『現代形容詞用法辞典』は、３語の意味を「焦燥を感じる様子を表す」と記述しており、個々の意味および３語の意味の違いが明らかにされているとは言いがたい。

以上のように、「じれったい」「もどかしい」「はがゆい」の意味が十分に記述されているとは言いがたいため、以下でそれぞれの意味を分析する。

2.2　「じれったい」の意味分析
はじめに「じれったい」の意味を分析する。

（1）ドアの前に立ってから開くのに４〜５秒。踏み板への体重のかけかたが悪いと開かないこともある。「老人や車いすの人には、ゆっくり開く方がいい」というのが谷島社長の弁だが、せっかちな記者には少し<u>じれったい</u>。<u>つい手が出た</u>。　　　　　　　　　　　　　（朝日新聞、2007 年 11 月 14 日）

（2）「ぼくとしては、その気がないんで、困ってるっちゅうのが本音で……」あいかわらず、北見先生の方は<u>歯切れがわるい</u>。

　「その気がないって、好きじゃないってこと？」

　「ま、嫌いなわけではないけど……」

　「要するに、結婚の対象とは考えられないってことね？」

　「少なくとも、今はね」

　「<u>じれったい</u>わねぇ。だったら、直接そう言えばいいじゃないの」
　　　　　　　　　　　（友清恵子『夕凪のブーメラン』文芸社、pp.108-109）

（3）フィルムを現像に出してから写真ができあがるまでは、ドキドキワクワク<u>待ち切れない</u>。そして現像したての写真を手にしたときは、はちきれそうな風船みたいに、喜びで自分の心がぱんぱんになっているのがわかる。カメラ屋を出るとすぐに写真の出来をチェックして、一枚でも気に入ったものがあれば、うれしくて家まで走って帰る。よく考えてみると、石けん作りの型出しのときと、とてもよく似ている。<u>じれったい</u>と思いながらワクワクと結果を待つ

105

ようなものが、私は好きなのかもしれない。

(BCCWJ、PB35_00131『エブリデイイズアグッドデイ』)

　(1)はドアが開く速度が遅いこと、(2)はある人の「歯切れがわる」く、言いたいことをはっきりと言わないこと、(3)は現像に出した写真がなかなかできあがらないことに「じれったい」と感じている。よって(1)から(3)は、はやく実現することを望む気持ちに反し、なかなか実現しないことに「じれったい」と感じている。
　また、(1)ではドアが開く速度が遅いことに「じれったい」と感じ、「つい手が出た」とあり、(3)では「じれったい」と「待ち切れない」が同じような意味を表す表現として用いられていることから、「じれったい」は、実現を望んでいることがなかなか実現しないことに待ちきれないさまを表すと考えられる。
　以上から、「じれったい」の意味は〈実現を望んでいることがなかなか実現しないことに〉〈待ちきれない〉〈さま〉と言うことができる。

2.3　「もどかしい」の意味分析
　続いて「もどかしい」の意味を分析する。

(4) 初めて聞く夫の声色に、相手が誰なのか見当が付かない。が、次の会話の内容でそれが娘だとすぐに分かった。話の切れるのを待つのももどかしく、「何だって?」と、尋ねながら夫から受話器を受け取ると、何ともうれしそうに「妊娠したんだって」と答えた。　　　　(中日新聞、2007年6月19日)

(5) (前略)これなら出来る、と思うと心が踊っていた。秋田に到着するのももどかしい気持ちで、はやる心も必死でこらえていた。会社の事務所に戻ると早速、「課長以上、会議を開くから召集してくれ」と指示した。

(猿田巳代治『祖父よ!』文芸社、p.217)

(6) 病んでいる本人にとって、本当は一番の支えは家族や仲間なのに、そっぽを向いていては治るものも遠回りになってしまう。
　そして、回復には一進一退がつきものだということをわかってほしい。周りから見ていて、もどかしいこともあるかもしれないが、あせると本人も気兼ねから無理してしまう怖れがある。

（谷内江梨子『心を病むということ』文芸社、p.43）

　（4）は、早く娘と話したいという思いから「話の切れるのを待つ」ことを「もどかしい」と感じている。続いて（5）は、早く会社に戻りたいという思いから、なかなか会社に着かないことを「もどかしい」と感じている。また（6）は、早く家族や仲間の病気がなおってほしいという思いから、回復が「一進一退」であることに「もどかしい」と感じている。このように（4）から（6）は、実現を望んでいることがなかなか実現しないことに「もどかしい」と感じていると考えられる。

　また、（5）では「もどかしい」が「はやる心」と、（6）では「もどかしい」が「あせる」と同じような意味を示す表現として用いられている。このことから、「もどかしい」は、はやく実現してほしいという思いによって、気持ちが落ち着かないさまを表すと言うことができる。

　以上から、「もどかしい」の意味は〈実現を望んでいることがなかなか実現しないことに〉〈気持ちが落ち着かない〉〈さま〉と言うことができる。

2.4　「はがゆい」の意味分析

　最後に「はがゆい」の分析をする。

（7）どんなに頑張っても、助けられなかった自分の無力さがはがゆかった。
　　　　　　　　　　　　　　　（上田哲美『徳之島物語』文芸社、p.209）

（8）「戦争体験者が減った今ごろになって、国や政治家が変なことを言うからはがゆい。後輩のためにも黙っておれん」と唇をかんだ。
　　　　　　　　　　　　　　　　　　　　（東京新聞、2007 年 9 月 30 日）

（9）岩本は義父が好きだった。山の師だと仰いでもいる。だからこそ、こんなことで対立したくはなかった。
　　こんなこと──俺が山を下りたこと。フリークライミングと決別したこと。永澤は、それが歯がゆくてならないのだ。体力は衰えていない。技術も年々円熟味を増している。それなのに山を下りてしまうのが、彼にはどうしても理解できないのだ。　　　　（堂場瞬一『天空の祝宴』PHP 研究所、p.13）

（7）はある人をどうしても助けたい、（8）は国や政治家に戦争について真実を言ってほしい、（9）はある人にフリークライミングを続けてほしいという思いに反し、思いと異なる良くない事態となったことに「はがゆい」と感じている。

また（8）では、国や政治家の発言に「はがゆい」と感じ、「後輩のためにも黙っておれん」と述べている。このように「はがゆい」は、思いと異なる良くない事態を受け入れられないさまを表している。さらに（9）では、ある人（永澤）が期待している相手（岩本）にフリークライミングを続けてほしいと思っているが、相手（岩本）がフリークライミングをやめたことに「はがゆい」と感じ、そのことを「どうしても理解できない」と述べている。（9）においても、思いと異なる良くない事態を受け入れられないさまを表していると言える。

以上から、「はがゆい」の意味は〈思いと異なる良くない事態を〉〈受け入れられない〉〈さま〉である。

3.「じれったい」「もどかしい」「はがゆい」の類似点と相違点について

分析結果をもとに、「じれったい」「もどかしい」「はがゆい」の類似点と相違点について考察する。

3.1　先行研究の記述とその検討

「じれったい」と「もどかしい」の意味の違いについて、『ちがいがわかる類語使い分け辞典』（p.255）と『講談社類語辞典』（p.582）は、「じれったい」は一般に他人の行為について言う場合に用いられるのに対し、「もどかしい」は一般に自分の行為について言う場合に用いられると述べている。

また、「じれったい」「もどかしい」「はがゆい」の意味の違いについて、『現代形容詞用法辞典』は、「もどかしい」は主体の焦燥を表すが、「じれったい」と「はがゆい」は見る者の焦燥を中心に表すと指摘している（p.556）。

『ちがいがわかる類語使い分け辞典』と『講談社類語辞典』で指摘されているように、「じれったい」は他人の行為を含めた自分以外の対象について言う場合に用いられる例が多数をしめ、自身の行為について言う場合でも次の（10）のように、自身を客体化したような表現となっている。

（10）気がつくと、逃げるように八百屋の前を遠く離れていた。自分自身が<u>じれっ</u>
<u>たかった</u>。 　　　　　　（須田海山『一筋の眞に生きて』文芸社、p.49）

しかし、「もどかしい」については、次の（11）のように、自身の行為以外について「もどかしい」と感じている例も見られる。

（11）後半も広島が優位に進めた。25分、駒野のパスをゴール前で受けた佐藤
寿のシュートは枠外へ。44分のシュートも相手GKの正面にいくなど、広
島サポーターにとっては終始<u>もどかしい</u>内容だった。
　　　　　　　　　　　　　　　　　（中国新聞、2005年3月26日）

（11）は、応援するサッカーチームの選手がなかなかシュートを決めないことにサポーターが「もどかしい」と感じている（のを新聞記者がサポーターの気持ちを代弁して記述している）。よって、「もどかしい」は、自分の行為以外について言う場合にも用いられる。
　また、『現代形容詞用法辞典』は「はがゆい」は「見る者の焦燥を中心に表す」と記述しているが、次の（12）のように自身に関して「はがゆい」と表現されている実例も多く見られる。

（12）どんなに頑張っても、助けられなかった自分の無力さが<u>はがゆかった</u>。
　　　　　　　　　　　　　　　　　　　　　　　　　　　　　（＝（7））

以下では、先行研究で指摘されていない「じれったい」「もどかしい」「はがゆい」の類似点と相違点について考察する。

3.2 「じれったい」と「もどかしい」の類似点と相違点について

まず、「じれったい」と「もどかしい」について考察する。上述の先行研究の検討で、「じれったい」と「もどかしい」の意味の違いについて、「じれったい」は自分以外の物事に対する感情を表すのに対し、「もどかしい」はそのような制限はないと述べた。

2.2 で、「じれったい」の意味は〈実現を望んでいることがなかなか実現しないことに〉〈待ちきれない〉〈さま〉と記述したが、「じれったい」は一般に自分以外の物事に対する感情であるという点を意味記述に反映させる必要がある。よって、「じれったい」の意味を〈自身以外の物事に関して、実現を望んでいることがなかなか実現しないことに〉〈待ちきれない〉〈さま〉と記述することにする。

　以下では、先行研究で指摘されていない両語の意味の違いについて考察する。

（13）病んでいる本人にとって、本当は一番の支えは家族や仲間なのに、そっぽを向いていては治るものも遠回りになってしまう。
　　　そして、回復には一進一退がつきものだということをわかってほしい。周りから見ていて、もどかしい（??じれったい）こともあるかもしれないが、あせると本人も気兼ねから無理してしまう怖れがある。　　　　　（＝(6)）

　（13）は、ある人の病気の回復が「一進一退」であることに「もどかしい」（＝〈実現を望んでいることがなかなか実現しないことに〉〈気持ちが落ち着かない〉〈さま〉）と感じている。この「もどかしい」を「じれったい」（＝〈自身以外の物事に関して、実現を望んでいることがなかなか実現しないことに〉〈待ちきれない〉〈さま〉）に置き換えると不自然な表現となる。「じれったい」は、実現する可能性が高いと感じるものが、なかなか実現しないことによって生じる感情である。そのため（13）の病気のように、確実に快方へと向かう、あるいは必ず完治するかどうか分からないものに対して「じれったい」を用いると不自然な表現となる。一方の「もどかしい」は、実現するかどうか分からない物事であっても、進み具合が遅いことに対して「もどかしい」と表現することができるという違いがある。

3.3　「もどかしい」と「はがゆい」の類似点と相違点について
　次に、「もどかしい」と「はがゆい」について考察する。

（14）口下手を気にする人の気持ちもわかる。「何で自分の言いたいことが、伝わらないのだ」と、もどかしく（はがゆく）なることもあるだろう。
　　　（BCCWJ、LB08_00017『なぜこのオッサンの話はおもしろい!?』）

（15）自分の考えを伝えたい。けれども、相手は分かってくれない。あなたも、そんな歯がゆい（もどかしい）思いをしたことがあるでしょう。

　　　（八幡紕芦史『図解　自分の考えをしっかり伝える技術』PHP 研究所、p. 8）

　（14）の「もどかしい」（＝〈実現を望んでいることがなかなか実現しないことに〉〈気持ちが落ち着かない〉〈さま〉）を「はがゆい」（＝〈思いと異なる良くない事態を〉〈受け入れられない〉〈さま〉）に、（15）の「はがゆい」を「もどかしい」に置き換えても文の意味が大きく異ならないことから、「もどかしい」の意味と「はがゆい」の意味は類似していると考えられる。（14）は「自分の言いたいことが、伝わらない」ことに、（15）は「自分の考えを伝えたい。けれども、相手は分かってくれない」ことに「もどかしい」あるいは「はがゆい」と感じている。（14）と（15）の「もどかしい」と「はがゆい」は、思いを叶えたいという気持ちに反し、思いが叶わないことによって生じていると考えられるため、「もどかしい」と「はがゆい」の共通の意味は、〈思いを叶えたいという気持ちに反し、思いが叶わないことによって生じる感情〉と言うことができる。

　しかし、次の（16）の「もどかしい」を「はがゆい」に置き換えると不自然な表現となり、同様に次の（17）の「はがゆい」を「もどかしい」に置き換えると不自然な表現となる。

（16）大きな振動とともにエレベーターが一階へ着いた。ドアの開く間がもどかしく（??はがゆく）、利明は「開」ボタンをがしゃがしゃと押した。

　　　　　　　　　　　（BCCWJ、OB4X_00111『パラサイト・イヴ』）

（17）岩本は義父が好きだった。山の師だと仰いでもいる。だからこそ、こんなことで対立したくはなかった。

　　　こんなこと――俺が山を下りたこと。フリークライミングと決別したこと。永澤は、それが歯がゆく（??もどかしく）てならないのだ。体力は衰えていない。技術も年々円熟味を増している。それなのに山を下りてしまうのが、彼にはどうしても理解できないのだ。　　　　　　　　　　　　　（＝（9））

「はがゆい」は思いが叶わず、思いと異なる良くない事態となったことによって生

111

じる感情であるため、（16）のように、実現の速度が遅いことに対して「はがゆい」と表現すると不自然な表現となる。

　続いて(17)では、相手(岩本)にフリークライミングを続けてほしいと思っていたが、その相手が「フリークライミングと決別した」とあるように、思いが完全に断たれたことに「はがゆい」と表現することはできるが、「はがゆい」を「もどかしい」に置き換えると不自然な表現となる。よって（17）から、ある物事に関して、実現する可能性が完全に断たれた場合に「もどかしい」を用いると不自然な表現となると言うことができる。

3.4　「じれったい」と「はがゆい」の類似点と相違点について

　最後に、「じれったい」（＝〈自身以外の物事に関して、実現を望んでいることがなかなか実現しないことに〉〈待ちきれない〉〈さま〉）と「はがゆい」（＝〈思いと異なる良くない事態を〉〈受け入れられない〉〈さま〉）について考察する。

　「じれったい」は、次の（18）のように、現像に出した写真がなかなかできあがらないことに待ちきれないさまを表す。一方の「はがゆい」は次の（19）のように、思いと異なる良くない事態となったことによって生じる感情である。そのため、「じれったい」と「はがゆい」は意味が類似しているとは考えにくい。

（18）フィルムを現像に出してから写真ができあがるまでは、ドキドキワクワク待ち切れない。そして現像したての写真を手にしたときは、はちきれそうな風船みたいに、喜びで自分の心がぱんぱんになっているのがわかる。カメラ屋を出るとすぐに写真の出来をチェックして、一枚でも気に入ったものがあれば、うれしくて家まで走って帰る。よく考えてみると、石けん作りの型出しのときと、とてもよく似ている。じれったい（??はがゆい）と思いながらワクワクと結果を待つようなものが、私は好きなのかもしれない。

（＝（3））

（19）岩本は義父が好きだった。山の師だと仰いでもいる。だからこそ、こんなことで対立したくはなかった。

　　　こんなこと——俺が山を下りたこと。フリークライミングと決別したこと。永澤は、それが歯がゆく（??じれったく）てならないのだ。体力は衰え

112

ていない。技術も年々円熟味を増している。それなのに山を下りてしまうの
が、彼にはどうしても理解できないのだ。　　　　　　　　　　（＝（17））

第9章　反義語の意味分析

1.　本章の目的

　本章では、反義関係にある〈喜〉の感情を表す「気持ち良い」と〈厭〉の感情を表す「気持ち悪い」、〈好〉の感情を表す「すき」と〈厭〉の感情を表す「きらい」を取りあげ、それぞれの語の意味分析を行い、それらの意味の類似点および相違点を明らかにする。

　國廣（1982）は、反義関係（antonymy）とはふたつの語により構成され、意味の大部分を共有し、あるひとつの意義特徴の点で反対の関係にあると述べている（p.170）。本書では「気持ち良い」と「気持ち悪い」、「すき」と「きらい」の個々の意味を記述した上で、両語が反義関係にあるのかを確認し、どのような意味を共有し、どのような点で意味が反対となるのかについて明らかにする。

2.「気持ち良い」と「気持ち悪い」について

　はじめに、「気持ち良い」と「気持ち悪い」について分析する。なお、「気持ちいい」は「気持ちよい」という交替形をもつが、本書では「気持ちいい」と「気持ちよい」に実質的な意味の違いはないと考え、「気持ちいい」と「気持ちよい」を代表する形として「気持ち良い」を用い、以下で分析を行う。

2.1　先行研究の記述とその検討

　『現代形容詞用法辞典』は「気持ち良い」と「気持ち悪い」について、次のように記述している。

　　きもちよい・きもちいい
　　肉体的・精神的に快い様子を表す（⇔きもちわるい）。
　　①かゆい所をかいてもらうと、とても**きもちいい**。（p.194）
　　きもちわるい・きもちがわるい
　　肉体的・精神的に不快な様子を表す（⇔きもちよい）。
　　①バスに乗ったら**きもちわるく**なった。（p.195）

　上述のように、『現代形容詞用法辞典』は、「気持ち良い」と「気持ち悪い」は肉体的・精神的に快い様子あるいは不快な様子を表すと述べている。しかし、次の（1）のように、精神的に快い様子あるいは不快な様子を表す場合であっても「気持ち良い」あるいは「気持ち悪い」と表現することができないものがある。

(1) とても<u>気分がいい</u>（??<u>気持ち良い</u>）の。お姉さんが来てくれるのが<u>うれしくて</u>。何か目標があって待つって本当に楽しいことなのね。今までそんなことなかったから。　　（BCCWJ、PB40_00094『神様がくれたプレゼント』）
(2) 石油はまだ安いし、日本の経済力が強いからできるのでしょうが、こんなに乱獲していては、よその国とて気分はよくないはずです。タイなどは、日本に輸出するエビの養殖で潤ってはいるでしょうが、そのために海や海岸を荒らされていたのでは、やはり<u>気分が悪い</u>（??<u>気持ち悪い</u>）と思います。（BCCWJ、LBq5_00035『うおつか流ぜい肉リストラ術　手間いらずの健康術』）

　まず（1）は、お姉さんが来てくれることが「うれしく」て「気分がいい」と感じている。（1）の「気分がいい」は精神的に快い様子を表しているが、これを「気持ち良い」に置き換えると不自然な表現となる。続いて（2）を見ると、海や海岸が荒らされることに「気分が悪い」と感じている。（2）の「気分が悪い」は精神的に不快な様子を表しているが、これを「気持ち悪い」に置き換えると不自然な表現となる。このように、「気持ち良い」と「気持ち悪い」が精神的に快い様子あるいは不快な様子を表しているとは言えない例も見られるため、以下で「気持ち良い」と「気持ち悪い」の意味を分析する。

2.2　「気持ち良い」の意味分析
　まず、「気持ち良い」の意味を分析する。

2.2.1　意味1：〈身体に刺激を受けることで〉〈身体的快感が生じ、心が満たされる〉〈さま〉
　次の2つの例をご覧いただきたい。

(3) 薄い靴底で積極的に岩を踏んでみると、あんがい痛くない、指を丸めて岩
をつかみながら歩いていく感触がとても<u>気持ちいい</u>、ということがすぐにわ
かる。<u>尖って痛そうに見える岩ほど快感が大きいのである。</u>
（BCCWJ、LBm7_00018『がんばらない山歩き』）
(4) 俊彦たちはシャンパンで乾杯した。
「お疲れさま」
シャンパンが乾いたのどに<u>気持ちいい</u>。
撮影をしている間は、それに慣れているように見えるスタッフでも実は<u>緊張し
ている</u>。　（BCCWJ、LBf9_00209 赤羽建美『イヴの贈り物』）

　まず (3) は、「尖って痛そうに見える岩ほど快感が大きい」とあるように、足に刺
激を受けることで快感を得るさまを「気持ち良い」と表している。続いて (4) は、シャ
ンパンを飲むことで乾いたのどがうるおうことによって「気持ち良い」と感じている。
このように (3) と (4) は、身体に何らかの刺激を受けることによって「気持ち良い」
と感じていると言うことができる。また、(4) はシャンパンを飲むことで乾いたのど
がうるおい、緊張がほぐれることを「気持ち良い」と表しているように、「気持ち良い」
が表す「快感」は身体的快感だけではなく、心理的快感も含んでいる。よって、こ
こでの「気持ち良い」は、身体に刺激を受けることで身体的快感が生じ、心が満た
されるさまを表している。
　以上から、「気持ち良い」の意味1は〈身体に刺激を受けることで〉〈身体的快感
が生じ、心が満たされる〉〈さま〉と言うことができる。

2.2.2　意味2：〈不快な物事が取り除かれることで〉〈心が満たされる〉〈さま〉
続いて、次の3つの例をご覧いただきたい。

(5) 雨が降るという気象条件だって、その人がいやだと思えばとても憂うつな現
実になるし、雨が地上のほこりを全部洗い流してくれるから<u>気持ちいい</u>と思
えば、素晴らしい現実になります。
（BCCWJ、LB11_00007『自分の「素敵」を見つけよう』）
(6) 「楽しくなったら、やるのも苦じゃなくなるし。わからないことがわかるよう

になるって、気持ちいいだろう？」

　　　　　　　　　　（BCCWJ、LBt9_00120『半熟たまごのレジスタンス』）

（7）彼女は自分を落ちつかせるように吐息をついた。それからいった。

「ありがとう」

「だってそうじゃねえか。なんだって斉藤が殴られなきゃならないんだよ。それに」

「ちがうの…。手をにぎってくれてありがとうっていったの。辛いとき、誰かが手をにぎってくれるって、とってもうれしいものなんだね。一人じゃないって、やっぱりいいな。もう少しにぎっていてくれる？　とっても気持ちいいんだ。なんだかほっとする…」

　　　　　　　　（BCCWJ、PB19_00136『翼はいつまでも　書き下ろし文芸作品』）

　（5）は雨が地上のほこりを全部洗い流してくれること、（6）はわからないことがわかるようになること、（7）は誰かが手をにぎってくれることで気持ちがやわらぐことに「気持ち良い」と感じている。よって（5）から（7）は、書き手や話し手にとって不快である、何らかの物事が取り除かれることで「気持ち良い」と感じている。さらに（7）に、辛いとき、誰かが手をにぎってくれることで「気持ち良い」と感じ、「なんだかほっとする」とある。このように、「気持ち良い」は、不快な物事が取り除かれることで心が満たされるさまを表している。

　以上から、「気持ち良い」の意味2は〈不快な物事が取り除かれることで〉〈心が満たされる〉〈さま〉である。

2.2.3　2つの意味の関連性について

　意味1と意味2は〈何らかの要因によって〉〈心が満たされる〉〈さま〉という共通の意味を有しており、意味1から意味2は、身体を通じた経験からより心理的な経験へと意味が拡張しているため、意味2は意味1からメタファーによって成り立っている。

2.3　「気持ち悪い」の意味分析

　続いて、「気持ち悪い」の意味を分析する。

2.3.1 意味1:〈身体に刺激を受けることで〉〈身体的不快感が生じ、それを取り除きたいと感じる〉〈さま〉

次の3つの例をご覧いただきたい。

(8) おじぎで挨拶するのは日本だけでなく、中国、タイなど東南アジアに多いわけですが、これらの国々に共通するのは夏が高温多湿ということです。そんな国では相手と抱き合ったり手を握り合うのはベトベトして<u>気持ち悪い</u>。<u>このため体を触れ合わなくてもすむ挨拶が主流になったと考えられています。</u>

(BCCWJ、LBf4_00004『頭にやさしい雑学読本』)

(9) 教会の入り口に足を踏み入れた彼女は、むっとするような花の香りに襲われ、その場で体をすくませた。二日酔いの体には、この香りは拷問だ。「ううっ」思わず苦痛の声をもらす。「<u>気持ち悪い……</u>」

(BCCWJ、PB39_00538『シンデレラの賭』)

(10)「お前、<u>気持ち悪い</u>くらい痩せてるぞ。顔色も悪いし。酒臭いし」
ショーケースに自分の姿を映して見た。ほんとだ。ガラスに映った私はまるで蚊トンボのようだった。 (BCCWJ、OB6X_00247『蛇にピアス』)

(8)は高温多湿である夏に抱き合ったり手を握り合ったりすること、(9)は二日酔いの状態でむっとするような花の香りをかぐこと、(10)は痩せすぎている姿を見ることによって「気持ち悪い」と感じている。よって(8)から(10)は、手が触れる、においをかぐ、ある人の姿を見るというように、身体に何らかの刺激を受けることで身体的不快感が生じ、「気持ち悪い」と感じている。また、「気持ち悪い」と感じることで、(8)では手が触れなくてもよい挨拶の仕方が考えられ、(9)では吐き気を催している。このことから、「気持ち悪い」は身体に刺激を受けることで身体的不快感が生じ、それを取り除きたいと感じるさまを表すと考えられる。

以上から、「気持ち悪い」の意味1は〈身体に刺激を受けることで〉〈身体的不快感が生じ、それを取り除きたいと感じる〉〈さま〉である。

2.3.2 意味2:〈不快な物事が存在することで〉〈気持ちが落ち着かず、それを取り除きたいと感じる〉〈さま〉

続いて、次の2つの例をご覧いただきたい。

(11) 水で清めて（湿らせて）出した利休箸（中略）を、「この箸はじめから割れ
　　ているじゃない、それに湿っていて気持ち悪いわ。新しいのにとりかえてよ」
　　といわれてあぜんとしてしまい、それ以来、若い女性のお客さまには、割
　　り箸をお出しすることにしましたとおっしゃる方もいらっしゃいます。
　　　　　　　　　　　　（BCCWJ、OB2X_00291『なんて美しい女性だろう！』）
(12) 落札者様なんですが、お取引のお名前と、お振込いただいたお名前と、メー
　　ルの差出人名（自動で表示になるもの）が、すべて違う名前です。苗字も
　　名前もすべて違います。おかしくないですか？　もうご入金いただいてます
　　し、発送先もご連絡いただいてますし、発送するだけなんですが、なんだ
　　か気持ち悪くて…。　　　（BCCWJ、OC14_02065、Yahoo！知恵袋）

　（11）は箸がはじめから割れていて湿っていること、（12）は落札者が、取引する
ときの名前、振込み依頼人名、メールの差出人名にすべて違う名前を用いているこ
とに「気持ち悪い」と感じている。（11）と（12）では、書き手にとって普通ではな
い、不快な物事が存在することにより、「気持ち悪い」という感情が生じている。ま
た、（11）では「気持ち悪い」と感じる箸を使わず、新しい箸にとりかえることを要
求しており、（12）では「気持ち悪い」と感じることで商品を発送するのをためらい、
不安な気持ちを解消したいという思いから「Yahoo! 知恵袋」に質問している。この
ことから「気持ち悪い」は、不快な物事が存在することに気持ちが落ち着かず、そ
れを取り除きたいと感じるさまを表すと考えられる。
　以上から、「気持ち悪い」の意味2は〈不快な物事が存在することで〉〈気持ち
が落ち着かず、それを取り除きたいと感じる〉〈さま〉である。

2.3.3　2つの意味の関連性について
　「気持ち悪い」の2つの意味の関連性について述べると、意味1と意味2は、〈何
らかの要因によって〉〈不快感が生じ、それを取り除きたいと感じる〉〈さま〉とい
う共通の意味を有している。また、意味1から意味2は、身体を通じた経験から、
より心理的な経験へと意味が拡張しているため、意味2は意味1からメタファーに

よって成り立っている。

2.4 「気持ち良い」と「気持ち悪い」について

　分析結果をもとに、両語が反義関係にあるのかについて確認する。2.2と2.3の分析により、「気持ち良い」と「気持ち悪い」の意味を次のように記述した。

「気持ち良い」　意味１：〈身体に刺激を受けることで〉〈身体的快感が生じ、心が満たされる〉〈さま〉

　　　　　　　意味２：〈不快な物事が取り除かれることで〉〈心が満たされる〉〈さま〉

「気持ち悪い」　意味１：〈身体に刺激を受けることで〉〈身体的不快感が生じ、それを取り除きたいと感じる〉〈さま〉

　　　　　　　意味２：〈不快な物事が存在することで〉〈気持ちが落ち着かず、それを取り除きたいと感じる〉〈さま〉

　1節で見たように、國廣（1982）は、反義関係（antonymy）とはふたつの語により構成され、意味の大部分を共有し、あるひとつの意義特徴の点で反対の関係にあると述べている（p.170）。「気持ち良い」と「気持ち悪い」の意味Ⅰは、〈身体に刺激を受けることで〉〈身体的感覚および感情が生じる〉〈さま〉を表すという点は共有しているが、生じる身体的感覚および感情が、プラスなのかマイナスなのかという点で反対の関係にある。続いて、意味２を見ると、〈不快な物事に関して〉〈ある感情が生じる〉〈さま〉を表すという点は共有しているが、〈不快な物事が取り除かれることで、心が満たされる〉のか、〈不快な物事が存在することで気持ちが落ち着かず、それを取り除きたいと感じる〉のかという違いがあり、それらは反対の意味を表している。このことから、「気持ち良い」と「気持ち悪い」は反義関係にあることが確認できる。

2.5 「気持ち良い」「気持ち悪い」と「気分が良い」「気分が悪い」について

　2.1で触れたように、「気持ち良い」「気持ち悪い」と「気分が良い」「気分が悪い」は意味が類似していると考えられる。以下で、「気持ち良い」と「気分が良い」、「気

持ち悪い」と「気分が悪い」の意味の違いについて分析する[40]。

　まず、次の2つの例をご覧いただきたい。

（13）薄い靴底で積極的に岩を踏んでみると、あんがい痛くない、指を丸めて岩をつかみながら歩いていく感触がとても気持ちいい（??気分が良い）、ということがすぐにわかる。尖って痛そうに見える岩ほど快感が大きいのである。　　　　　　　　　　　　　　　　　　　　　　　　　　　　　（＝（3））

（14）おじぎで挨拶するのは日本だけでなく、中国、タイなど東南アジアに多いわけですが、これらの国々に共通するのは夏が高温多湿ということです。そんな国では相手と抱き合ったり手を握り合うのはベトベトして気持ち悪い（??気分が悪い）。このため体を触れ合わなくてすむ挨拶が主流になったと考えられています。　　　　　　　　　　　　　　　　　　　　　（＝（8））

　（13）の「気持ち良い」は意味I（＝〈身体に刺激を受けることで〉〈身体的快感が生じ、心が満たされる〉〈さま〉）を表し、（14）の「気持ち悪い」は意味I（＝〈身体に刺激を受けることで〉〈身体的不快感が生じ、それを取り除きたいと感じる〉〈さま〉）を表す。（13）の「気持ち良い」を「気分が良い」に置き換えると不自然な表現となる。同様に、（14）の「気持ち悪い」を「気分が悪い」に置き換えると不自然な表現となる。このことから、「気持ち良い」の意味Iと「気分が良い」、「気持ち悪い」の意味Iと「気分が悪い」は意味が類似していないと考えられる。

　続いて次の2つの例をご覧いただきたい。

（15）雨が降るという気象条件だって、その人がいやだと思えばとても憂うつな現実になるし、雨が地上のほこりを全部洗い流してくれるから気持ちいい（気分が良い）と思えば、素晴らしい現実になります。　　　　（＝（5））

<hr>

40　「気分がいい」は「気分がよい」という交替形をもつが、本書では「気分がいい」と「気分がよい」に実質的な意味の違いはないと考え、「気分がいい」と「気分がよい」を代表する形として「気分が良い」を用いる。

（16）水で清めて（湿らせて）出した利休箸（中略）を、「この箸はじめから割れ
　　　ているじゃない、それに湿っていて気持ち悪い（気分が悪い）わ。新しい
　　　のにとりかえてよ」といわれてあぜんとしてしまい、それ以来、若い女性
　　　のお客さまには、割り箸をお出しすることにしましたとおっしゃる方もいらっ
　　　しゃいます。　　　　　　　　　　　　　　　　　　　　　　　（＝（11））

　（15）の「気持ち良い」は意味2（＝〈不快な物事が取り除かれることで〉〈心が
満たされる〉〈さま〉）を表し、（16）の「気持ち悪い」は意味2（＝〈不快な物事
が存在することで〉〈気持ちが落ち着かず、それを取り除きたいと感じる〉〈さま〉）
を表す。（15）の「気持ち良い」を「気分が良い」に置き換えても、その語を含む文
の意味は大きく変わらず、また（16）の「気持ち悪い」を「気分が悪い」に置き換
えても、その語を含む文の意味は大きく変わらない。このことから、「気持ち良い」
の意味2と「気分が良い」の意味が類似しており、「気持ち悪い」の意味2と「気分
が悪い」の意味が類似していると言うことができる。
　しかし、それぞれの語を置き換えられない例も見られる。

（17）とても気分がいい（??気持ち良い）の。お姉さんが来てくれるのがうれし
　　　くて。何か目標があって待つって本当に楽しいことなのね。今までそんなこ
　　　となかったから。　　　　　　　　　　　　　　　　　　　　（＝（1））
（18）私だって、気分がいい（??気持ち良い）ときもあれば落ちこむときもある。
　　　（BCCWJ、PB14_00207『「もえつき」の処方箋　本当は助けてほしいあなたへ』）
（19）石油はまだ安いし、日本の経済力が強いからできるのでしょうが、こんな
　　　に乱獲していては、よその国とて気分はよくないはずです。タイなどは、日
　　　本に輸出するエビの養殖で潤ってはいるでしょうが、そのために海や海岸
　　　を荒らされていたのでは、やはり気分が悪い（??気持ち悪い）と思いま
　　　す。　　　　　　　　　　　　　　　　　　　　　　　　　　（＝（2））

　まず（17）はお姉さんが自分のところへ来てくれることで「気分が良い」と感じて
いる。これを「気持ち良い」に置き換えると不自然な表現となる。（17）の「気分が
良い」は、お姉さんが自分のところへ来てくれるという好ましい出来事によって、心

が高揚するさまを表している。そのため、「気分が良い」は「うれしい」や「たのしい」といった語と同様の意味を表す表現として用いられている。また、(18) では「気分が良い」が「落ち込む」と反対の意味を表す表現として用いられていることから、(18) の「気分が良い」も〈好ましい出来事によって〉〈心が高揚する〉〈さま〉を表している。一方、「気持ち良い」は〈不快な物事が取り除かれることで〉生じる感情であるという違いがある。

　続いて (19) は、タイなどの国が、日本に輸出するエビの養殖で潤ってはいても、そのために海や海岸を荒らされることに「気分が悪い」と感じている。これを「気持ち悪い」に置き換えると不自然な表現となる。(19) の「気分が悪い」は、海や海岸を荒らされるというような〈不快な出来事によって〉〈心が暗くなる〉〈さま〉を表している。一方の「気持ち悪い」は〈(不快な物事を) 取り除きたい〉〈さま〉を表すという違いがある。(19) では、日本に輸出するエビの養殖で潤っているため、日本を排除したいとまでは思っていないが、海や海岸を荒らされることに〈心が暗くなる〉〈さま〉を「気分が悪い」と表していると考えられる。

3.「すき」と「きらい」について

　次に、反義関係にある「すき」と「きらい」について分析する。「すき」と「きらい」の個々の意味を記述した上で、両語が反義関係にあるのかについて確認し、どのような意味を共有し、どのような点で意味が反対となるのかについて明らかにする。さらに、「きらい」の類義語である「いや」は「すき」と反義関係にあるのかについても考察する。

3.1　先行研究の記述とその検討

　『基礎日本語辞典』は「すき」の意味を次のように記述している。

　　すき〔好き〕
　　その行為や対象に心が惹かれ、それに接することによって心に喜びを感じる状態。(p.543)

続いて、『大辞林　第四版』は次のように記述している[41]。

すき〔好き〕

①心がひきつけられること。気持ちにぴったりと合うさま。⇔嫌い

「—な音楽」「明るい色が—だ」　（p.1493）

　上述のように、『基礎日本語辞典』と『大辞林　第四版』は、ある行為や対象に心がひきつけられることによって「すき」という感情が生じると考えている。『大辞林　第四版』は、ある行為や対象に心がひきつけられることにより、どのような感情が生じるのかについて記述していないが、『基礎日本語辞典』は「心に喜びを感じる状態」と記述している。しかし、「心に喜びを感じる状態」という記述では「すき」の意味が明らかになったとは言いがたいため、再度考察する必要がある。

　一方の「きらい」の意味については、第7章の2節で次のように記述した。

41　『学研国語大辞典　第二版』と『現代形容詞用法辞典』の「すき」の記述も、『大辞林　第四版』と大きく異ならない。『学研国語大辞典　第二版』は次のように記述している。
　　すき〔好き〕
　　①〔ある物・物事・人に〕心を引かれること。好むこと。〔それを食べ、それを見、それのそばにいる、など〕それと関係をもつことに喜びを感じること。
　　　「演劇が—だ」
　　②変わったことを好むこと。物好き。
　　　「—でなければとてもそんな事はできない」
　　③好色。いろごのみ。
　　④思いのまま。気まま。勝手。
　　　「どうぞこの部屋をあなたの—なように使って下さい」　（p.1012）
　　また、『大辞林　第四版』は「すき」に5つの意味を記述するが、本研究は「すき」と「きらい」の意味の類似点・相違点を明らかにすることに主眼を置くため、「きらい」と反対の意味を表さない次の②から⑤については考察対象外とする。
　　②かたよった好み。また、物好きなさま。
　　　「—も度が過ぎる」「—だなあ、この寒空に釣りとは」
　　③色好みであること。
　　　「—者」
　　④思いのままであること。気ままなこと。また、そのさま。
　　　「—なことを言う」
　　⑤（「…ずき」の形で）名詞の下について複合語をつくる。
　　　㋐それが好きであること、またその人を表す。
　　　　「文学—の少女」「酒—の人」
　　　㋑それに好かれる性質をもっていることを表す。
　　　　「人—のする性質」「女—のする容姿」　（p.1493）

「きらい」:〈何らかの理由によって、ある物事に良くない印象を抱き〉〈避けた
　　　　　いと感じる〉〈さま〉

　以下では「すき」の意味を分析し、「すき」と「きらい」の意味の類似点および相
違点について考察する。

3.2　「すき」の意味分析

　まず、「すき」の意味を分析する。

（20）いまでもわたしは空に対する絶えまない憧れを抱いている。だから、飛行
　　　機が好きだ。
　　　「より速く、より高く」
　　　というのは、わたしの最大の喜びである。
　　　　　（BCCWJ、LBn1_00043『逆境に打ち克つ人間学　いま日本人に何が求められているか』）
（21）（前略）ぼくは新明解の解釈のほうが好きだ。こっちのほうが阿川さんに合っ
　　　ている。《気にかけないでいられる人》の《気にかけないで》と《いられる
　　　人》の間に、〈きにかけないで、"おっとりとニコニコして"いられる人〉と
　　　いうふうに入れると、まさに阿川さんそのものになる。
　　　　　　　　　　　　　　（BCCWJ、LBo0_00019『きりきりかんかん』）

　まず（20）は、筆者は空に対する絶えまない憧れを抱いているため、飛行機が
「すき」だと感じている。続いて（21）は、ある語に対する新明解国語辞典の解釈
のほうが「阿川さんに合っている」ため、他の辞書の解釈よりも「すき」だと感じて
いる。（20）と（21）から、何らかの理由によって、ある物事に良い印象を抱くこと
により、「すき」と感じると考えられる。
　続いて次の例をご覧いただきたい。

（22）「天狗さん、いよいよ来ましたね。私はあなたが好きで、この通りごちそう
　　　して待っていましたよ。どうかさらって行かないで、ここで食べていってく
　　　れませんか。私はあなたが大好きだから、一緒に一杯やりたいと思って、

酒まで買っておきましたよ」

（BCCWJ、LBen_00028『豊島与志雄童話集』）

（23）もめんは、洗いに洗い、すり切れるころになるとひときわ肌ざわりがよくなって、手離せなくなります。私がもめんが<u>好き</u>だから、うちには布地、反物、きもの、洋服、シーツ、テーブルクロース、いろいろストックがあります。

（BCCWJ、OB2X_00232『私の嫁いびり』）

　まず（22）は、天狗のことが「すき」なので、「ごちそうして待っていました」あるいは「一緒に一杯やりたいと思って、酒まで買っておきました」とあることから、「すき」な天狗と一緒に時間を過ごしたいと感じていると考えられる。続いて（22）において、もめん製品をいろいろとストックしているのは、「すき」なもめん製品をいつもそばにおいておきたいという思いからであると考えられる。（22）と（23）から、「すき」は何らかの理由によって、ある物事に良い印象を抱き、近づきたいと感じるさまを表していると言うことができる。

　以上から、「すき」の意味は〈何らかの理由によって、ある物事に良い印象を抱き〉〈近づきたいと感じる〉〈さま〉である。

3.3　「すき」と「きらい」の意味について

　「すき」と「きらい」の意味の類似点および相違点について考察する。本書では、「すき」と「きらい」の意味を次のように記述した。

　「すき」：〈何らかの理由によって、ある物事に良い印象を抱き〉〈近づきたいと感
　　　　　 じる〉〈さま〉
　「きらい」：〈何らかの理由によって、ある物事に良くない印象を抱き〉〈避けたい
　　　　　　 と感じる〉〈さま〉

　上の意味記述から、両語は〈何らかの理由によって、ある物事にある印象を抱くことによって生じる感情〉という共通の意味を有する。その一方で、「すき」は〈ある物事に良い印象を抱き〉〈近づきたいと感じる〉〈さま〉を表すのに対し、「きらい」は〈ある物事に良くない印象を抱き〉〈避けたいと感じる〉〈さま〉を表すという点で、

126

意味が反対である。よって、両語は反義関係にあることが確認できる。

3.4　「すき」と「いや」の意味について

　最後に、「すき」と「いや」の類似点と相違点について考察する。第７章２節で、「いや」の意味を次のように記述した。

　「いや」：〈不快な物事を受け入れることができず〉〈拒みたいと感じる〉〈さま〉

　上の意味記述から、「いや」は「すき」との類似点がなく、反義関係にあるとは言いがたいことがわかる。

第10章 おわりに

　本書では、現代日本語の語義の分析・記述、および類義語分析の必要性から、辞典や先行研究で明らかにされているとは言いがたい感情を表す形容詞の意味について分析し、個々の語の意味と、類義語および反義語との意味の違いを記述した。

　『感情新表現辞典』に従い、感情を「喜・怒・哀・怖・恥・好・厭・昂・安・驚」という10類に大別し、それらの感情を表す形容詞の中から、辞典類や先行研究で個々の意味や類義語との意味の違いが十分に記述されているとは考えられない次の22語を考察対象とした。

　　喜……おもしろい、おかしい、気持ち良い
　　哀……かなしい、さびしい、わびしい
　　怖……おそろしい、こわい
　　好……すき
　　厭……いや、きらい、うっとうしい、わずらわしい、めんどうくさい、つらい、
　　　　　　くるしい、せつない、やるせない、気持ち悪い
　　昂……じれったい、もどかしい、はがゆい

　上の22語の意味を記述するという目的に向けて、第2章では「感情」と「感情形容詞」についての先行研究を概観し、本書が「感情」と「感情形容詞」をどのように考えるかを提示した。

　次に第3章では、多義語の複数の意味を関連づける重要なメカニズムである、「フレーム」と「比喩（メタファー、メトニミー、シネクドキー）」について概観した。

　第4章から第8章では、感情を表す形容詞の意味分析を行った。

　まず、第4章では〈喜〉の感情を表す「おもしろい」と「おかしい」を分析し、次のように意味を記述した。

　　「おもしろい」　意味１：〈新しい発見に〉〈気持ちが引きつけられる〉〈さま〉
　　　　　　　　　　意味２：〈展開が予測できない事柄に〉〈夢中になる〉〈さま〉
　　　　　　　　　　意味３：〈思い通りの結果が得られ〉〈気持ちが満たされる〉〈さま〉

　　「おかしい」　　意味１：〈ある物事が通常の状態と異なっていることに〉〈笑い
　　　　　　　　　　　　　　　がこみあげてくる〉〈さま〉
　　　　　　　　意味２：〈ある物事が通常の状態と異なっていることに〉〈正常
　　　　　　　　　　　　　　ではないと感じる〉〈さま〉

　また、「おかしい」と「おもしろい」の相違点について先行研究の記述をもとに次
のように記述した。

　「おもしろい」はある物事に対する知的な興味を表し、プラス評価の語であるの
に対し、「おかしい」は興味深いという意味を表さないという違いがある。

　続いて第５章では、〈哀〉の感情を表す「かなしい」「さびしい」「わびしい」を分析し、
次のように意味を記述した。

　　「かなしい」：〈思いと異なる良くない事態に〉〈気持ちが沈む〉〈さま〉
　　「さびしい」：〈求めている物事が得られないことに〉〈気持ちが満たされない〉
　　　　　　　　〈さま〉
　　「わびしい」：〈ある物事が一般的な水準より劣っていることに〉〈気持ちが満た
　　　　　　　　されない〉〈さま〉

　上の分析結果をもとに、「さびしい」と「わびしい」の類似点と相違点について次
のように述べた。

　「さびしい」と「わびしい」は、〈何かが欠けていることに〉〈気持ちが満たされ
ない〉〈さま〉という共通の意味を有する。しかし、「さびしい」は話し手が求め
ている物事が得られないことによって生じる感情であるのに対し、「わびしい」は
ある物事が一般的な水準よりも劣っていることによって生じる感情であるという相
違点がある。

　さらに、「かなしい」「さびしい」「わびしい」について次のように記述した。

「かなしい」「さびしい」「わびしい」は〈何かが欠けていることによって生じる感情〉という共通点を有する。しかし、「かなしい」と「さびしい」「わびしい」は、〈何かが欠けていることによって生じる感情〉という点以外は意味が類似しているとは考えられない。

次に、第6章では〈怖〉の感情を表す「おそろしい」と「こわい」の意味を分析し、次のように記述した。

「おそろしい」　意味1：〈深刻な打撃を与える物事を〉〈避けたいと強く感じる〉
　　　　　　　　　　　　〈さま〉
　　　　　　　　意味2：〈物事がもつ普通では考えられないような威力に〉〈驚異を感じる〉〈さま〉
　　　　　　　　意味3：〈普通では考えられないほど〉〈程度が非常に高いと感じる〉〈さま〉
「こわい」：〈良くない事態を引き起こす物事を〉〈避けたいと感じる〉〈さま〉

上の分析結果をもとに、「おそろしい」と「こわい」の類似点と相違点について次のように述べた。

「おそろしい」の意味1と「こわい」の意味が類似しており、〈危険な物事を〉〈避けたいと感じる〉〈さま〉という共通の意味を有する。先行研究で記述されていない両語の意味の違いとして、「こわい」は危険性の高い物事に対しても、危険性のあまり高くない物事に対しても用いることができるのに対し、「おそろしい」は危険性の高い物事にのみ用いるという点をあげることができる。

第7章では〈厭〉の感情を表す「いや、きらい」、「うっとうしい、わずらわしい、めんどうくさい」、「つらい、くるしい」、「せつない、やるせない」の意味を分析した。まず、「いや」と「きらい」の意味は次のように記述した。

「いや」：〈不快な物事を受け入れることができず〉〈拒みたいと感じる〉〈さま〉

「きらい」：〈何らかの理由によって、ある物事に良くない印象を抱き〉〈避けたいと感じる〉〈さま〉

　「いや」と「きらい」の意味の違いについては、先行研究で十分に議論されており、先行研究の記述をもとに次のことを確認した。

「いや」はその場その場の嫌悪感を表すような主観的な感情であるのに対し、「きらい」はある人の、ある対象に対する、一定の感情的態度を表し、常に感情の主体と対象が明確である。

　続いて、「うっとうしい」「わずらわしい」「めんどうくさい」の意味を分析した。分析の結果は次のように記述することができる。

「うっとうしい」：〈適切と感じる範囲を超えている物事を〉〈排除したいと感じる〉〈さま〉

「わずらわしい」：〈心理的に負担である物事に〉〈かかわりたくないと感じる〉〈さま〉

「めんどうくさい」：〈ある行為に関心がもてず〉〈その行為をしようという気持ちが生じない〉〈さま〉

　上の分析結果をもとに、「うっとうしい」と「わずらわしい」、「わずらわしい」と「めんどうくさい」、「うっとうしい」と「めんどうくさい」の類似点と相違点について考察した。
　まず、「うっとうしい」と「わずらわしい」の類似点と相違点については次のように記述した。

「うっとうしい」と「わずらわしい」は〈不快な物事を〉〈避けたいと感じる〉〈さま〉という共通の意味を有する。しかし、「わずらわしい」は書き手あるいは話し手とかかわりがある、あるいはかかわりがありそうな物事に対して生じる感情であるため、「うっとうしい」とは異なり、書き手あるいは話し手と直接

的なかかわりがない物事に対しては用いることができないという違いがある。

　続いて、「わずらわしい」と「めんどうくさい」の類似点と相違点について次のように述べた。

　「わずらわしい」と「めんどうくさい」は〈ある行為をしたくないと感じる〉〈さま〉という共通の意味を有するが、「わずらわしい」はある行為を心理的に負担に感じるさまを表すのに重点があるのに対し、「めんどうくさい」はある行為をすることに関心がもてないさまを表すのに重点があるという違いある。

　さらに、「うっとうしい」と「めんどうくさい」については、意味が類似しているとは言いがたいことを述べた。
　次に、「つらい」と「くるしい」の意味を分析した。分析の結果は次のように記述することができる。

　　「つらい」　意味１：〈身体に負担がかかり〉〈耐えられないと感じる〉〈さま〉
　　　　　　　意味２：〈望みと異なる良くない事態に〉〈耐えられないと感じる〉
　　　　　　　　　　〈さま〉
　　「くるしい」意味１：〈身体内部の異常に〉〈耐えられないと感じる〉〈さま〉
　　　　　　　意味２：〈良くない状況となり〉〈状況を好転させるのが困難であると感じる〉〈さま〉

　「つらい」と「くるしい」の意味の類似点と相違点については、先行研究で十分に議論されているため、先行研究の記述を検討することで、次のことを確認した。

　「つらい」と「くるしい」はともに〈人間が苦痛を感じる〉〈さま〉を表すが、「くるしい」は肉体的、生理的苦痛をより強く表し、「つらい」は精神的苦痛をより強く表す。ただし、「くるしい」は身体内部の異常によって生じるものであるため、身体内部とは直接関係のないものに対しては、「くるしい」を用いることができない。また、精神的苦痛を表す場合、「つらい」と「くるしい」の意味は類似し

ているが、「つらい」は「くるしい」よりも苦痛を感じている人の不快感をより強
く表すという違いがある。

　さらに、「つらい」と意味が類似していると考えられる「かなしい」との類似点と
相違点について次のように述べた。

　「つらい」の意味2と「かなしい」の意味が類似しており、〈思いと異なる良くな
い事態に〉〈精神的苦痛を感じる〉〈さま〉という共通の意味を有する。しかし、
「つらい」が表す精神的苦痛というのは耐えられないというように、大変強いも
のであるのに対し、「かなしい」が表す精神的苦痛は「つらい」のように強いも
のではないという違いがある。

　最後に、「せつない」と「やるせない」の意味を分析した。分析の結果は次のよ
うに記述することができる。

　「せつない」　意味1：〈思いが叶わない状況になった後も〉〈思いを断ち切れ
　　　　　　　　　　　ずにいる〉〈さま〉
　　　　　　　意味2：〈容易に願いが叶わない状況において〉〈どうにかして
　　　　　　　　　　　願いが叶ってほしいと思う〉〈さま〉
　　　　　　　意味3：〈困難な状況においても、懸命に立ち向かう他者の姿に〉
　　　　　　　　　　　〈胸があつくなる〉〈さま〉
　「やるせない」：〈受け入れがたい事態に〉〈どうすることもできず、気持ちのや
　　　　　　　　　り場がない〉〈さま〉

　上の分析結果をもとに、「せつない」と「やるせない」の類似点と相違点につい
て次のように述べた。

　「せつない」の意味1と「やるせない」の意味が類似しており、〈思いを断ち切
れずにいる〉〈さま〉という共通の意味を有する。しかし、「せつない」の意味1は、
ある対象への話し手の思いの程度によって、思いを断ち切れずにいる程度も異

133

なり、マイナスの感情が非常に高いものを除き、ある程度マイナスの感情が高いものから低いものまでを表す。それに対して、「やるせない」はマイナスの感情の程度が低いものは表せないという相違点がある。

　第8章では、〈昂〉の感情を表す「じれったい」「もどかしい」「はがゆい」の意味を分析し、次のように記述した。

　　　「じれったい」：〈自身以外の物事に関して、実現を望んでいることがなかなか
　　　　　　　　　　実現しないことに〉〈待ちきれない〉〈さま〉
　　　「もどかしい」：〈実現を望んでいることがなかなか実現しないことに〉〈気持ち
　　　　　　　　　　が落ち着かない〉〈さま〉
　　　「はがゆい」：〈思いと異なる良くない事態を〉〈受け入れられない〉〈さま〉

　上の分析結果をもとに、「じれったい」と「もどかしい」、「もどかしい」と「はがゆい」、「じれったい」と「はがゆい」の類似点と相違点について考察した。
　まず、「じれったい」と「もどかしい」の類似点と相違点については次のように記述した。

　　　「じれったい」と「もどかしい」の共通の意味は、〈実現を望んでいることがな
　　　かなか実現しないことによって生じる感情〉である。しかし、「じれったい」は
　　　自分以外の物事について言う場合に用いられるのに対し、「もどかしい」はそ
　　　のような制限はない。また、「じれったい」は実現すると思っている物事が、な
　　　かなか実現しないことに待ちきれないさまを表すため、実現する可能性の低い
　　　ものに対しては用いることができない。それに対して、「もどかしい」は、実現
　　　するかどうか分からない物事であっても、進み具合が遅いことに対して「もど
　　　かしい」と表現することができるという違いがある。

　続いて、「もどかしい」と「はがゆい」の類似点と相違点について次のように述べた。

　　　「もどかしい」と「はがゆい」の共通の意味は、〈思いを叶えたいという気持ち

に反し、思いが叶わないことによって生じる感情〉である。しかし、「はがゆい」は思いが叶わず、思いと異なる良くない事態となったことによって生じる感情であるため、実現の速度が遅いことに対して「はがゆい」と表現することはできない。一方の「もどかしい」は、ある物事に関して、実現する可能性があると感じることによって生じる感情であるため、実現する可能性が完全に断たれた物事に対して「もどかしい」と表現することはできないという違いがある。

最後に、「じれったい」と「はがゆい」の類似点と相違点について次のように述べた。

「じれったい」は実現を望んでいることがなかなか実現しないことによって生じる感情であるのに対し、「はがゆい」は思いが叶わないことによって生じる感情であるため、「じれったい」と「はがゆい」は意味が類似しているとは考えにくい。

第9章では、反義関係にある「気持ち良い」と「気持ち悪い」、「すき」と「きらい」の意味を分析した。
まず、「気持ち良い」と「気持ち悪い」の意味を次のように記述した。

「気持ち良い」　意味1：〈身体に刺激を受けることで〉〈身体的快感が生じ、心が満たされる〉〈さま〉
　　　　　　　　意味2：〈不快な物事が取り除かれることで〉〈心が満たされる〉〈さま〉
「気持ち悪い」　意味1：〈身体に刺激を受けることで〉〈身体的不快感が生じ、それを取り除きたいと感じる〉〈さま〉
　　　　　　　　意味2：〈不快な物事が存在することで〉〈気持ちが落ち着かず、それを取り除きたいと感じる〉〈さま〉

先に示した意味記述をもとに、「気持ち良い」と「気持ち悪い」の意味1は、〈身体に刺激を受けることで〉〈身体的感覚および感情が生じる〉〈さま〉を表すという点は共有しているが、生じる身体的感覚および感情が、プラスなのかマイナスなの

かという点で反対の関係にある。続いて意味2は、〈不快な物事に関して〉〈ある感情が生じる〉〈さま〉を表すという点は共有しているが、「不快な物事が取り除かれることで、心が満たされる」のか、「不快な物事が存在することで気持ちが落ち着かず、それを取り除きたいと感じる」のかという違いがあり、それらは反対の意味を表している。このことから、「気持ち良い」と「気持ち悪い」は反義関係にあると述べた。

　さらに、「気持ち良い」「気持ち悪い」の類義語である「気分が良い」「気分が悪い」との違いについて次のように述べた。

　　　「気持ち良い」の意味2と「気分が良い」の意味が類似しており、「気持ち悪い」
　　　の意味2と「気分が悪い」の意味が類似している。しかし、「気分が良い」が
　　　〈好ましい出来事によって〉〈心が高揚する〉〈さま〉を表すのに対し、「気持ち
　　　良い」は〈不快な物事が取り除かれることで〉生じる感情であるという違いが
　　　ある。一方の「気分が悪い」は、〈不快な出来事によって〉〈心が暗くなる〉〈さ
　　　ま〉を表すのに対し、「気持ち悪い」は〈（不快な物事を）取り除きたい〉〈さま〉
　　　を表すという違いがあることがわかった。

　次に、「すき」と「きらい」について、「すき」を次のように記述した。

　　　「すき」：〈何らかの理由によって、ある物事に良い印象を抱き〉〈近づきたいと
　　　　　　　感じる〉〈さま〉

　上の意味記述をもとに、「すき」と「きらい」（＝〈何らかの理由によって、ある物事に良くない印象を抱き〉〈避けたいと感じる〉〈さま〉）の意味の違いについて次のように記述した

　　　〈何らかの理由によって、ある物事にある印象を抱くことによって生じる感情〉
　　　という共通の意味を有する一方で、「すき」は〈ある物事に良い印象を抱き〉〈近
　　　づきたいと感じる〉〈さま〉を表すのに対し、「きらい」は〈ある物事に良くない
　　　印象を抱き〉〈避けたいと感じる〉〈さま〉を表すという点で、意味が反対である。

　よって、両語は反義関係にある。

　最後に、「きらい」の類義語である「いや」（＝〈不快な物事を受け入れることができず〉〈拒みたいと感じる〉〈さま〉）と「すき」の類似点と相違点について考察し、「いや」と「すき」は類似点がなく、反義関係にあるとは言いがたいということを述べた。

引用文献

荒正子（1989）「形容詞の意味的なタイプ」, 言語学研究会（編）『ことばの科学　3』, むぎ書房, pp.147-162.

尾上圭介（1986）「感嘆文と希求・命令文―換体・述体概念の有効性」,『松村明教授古希記念国語研究論集』, 明治書院, pp.555-582.

加藤重広（2003）『日本語修飾構造の語用論的研究』, ひつじ書房.

川端善明（1983）「文の構造と種類―形容詞文―」,『日本語学』第2巻第5号, 明治書院, pp.128-134.

菊地康人（2000）「タノシイとウレシイ」, 山田進・菊地康人・籾山洋介（編）『日本語　意味と文法の風景―国広哲弥教授古稀記念論文集―』, ひつじ書房, pp.143-159.

金田一春彦・池田弥三郎（編）（1988）『学研国語大辞典　第二版』, 学習研究社.

國廣哲彌（1982）『意味論の方法』, 大修館書店.

国広哲弥（1997）『理想の国語辞典』, 大修館書店.

柴田武・山田進・加藤安彦・籾山洋介（編）（2008）『講談社類語辞典』, 講談社.

小学館辞典編集部（編）（2003）『使い方の分かる類語例解辞典〔新装版〕』, 小学館.

鈴木重幸（1972）『日本語文法・形態論』, むぎ書房.

張蘇雲（1997）「コワイ・オソロシイ―類義語の意味分析―」,『東洋文化』第40号, 東洋文化振興会, pp.9-17.

辻幸夫（編）（2002）『認知言語学キーワード事典』, 研究社.

寺村秀夫（1982）『日本語のシンタクスと意味　I』, くろしお出版.

時枝誠記（1950）『古典解釈のための日本文法』, 至文堂.

外池俊幸（1990）「形容詞の段階性・非段階性」,『ソフトウェア文書のための日本語処理の研究　10』, 情報処理振興事業協会, pp.17-76.

中村明（2022）『感情表現新辞典』, 東京堂出版.

中村明・芳賀綏・森田良行（編）（2005）『三省堂類語新辞典』, 三省堂 .

西尾寅弥（1972）『形容詞の意味・用法の記述的研究』, 秀英出版.

西尾寅弥（1993）「喜び・楽しみのことば」,『日本語学』第12巻第1号, 明治書院, pp.14-22.

仁田義雄（1998）「日本語文法における形容詞」,『月刊言語』第27巻第3号, 大修館書店, pp.26-35.

樋口文彦（1996）「形容詞の分類―状態形容詞と質形容詞―」,『ことばの科学　7』, むぎ書房, pp.39-60.

樋口文彦（2001）「形容詞の評価的な意味」,『ことばの科学　10』, むぎ書房, pp.43-66.

飛田良文・浅田秀子（2018）『現代形容詞用法辞典　新装版』, 東京堂出版.

福田正治（2003）『感情を知る―感情学入門―』, ナカニシヤ出版.

福田正治（2006）『感じる情動・学ぶ感情―感情学序説―』, ナカニシヤ出版.

藤田佐和子 (1991)「[たのしい] と [うれしい] ―誘因と感情の時間的関係を視点として―」,『金沢大学国語国文』第 16 号, 金沢大学, pp.74-86.

細川英雄 (1989)「現代日本語の形容詞分類について」,『国語学』第 158 号, 武蔵野書院, pp.91-103.

松井栄一 (編) (2005)『日本語新辞典』, 小学館.

松井栄一 (編) (2008)『ちがいがわかる類語使い分け辞典』, 小学館.

松村明 (編) (2019)『大辞林 第四版』, 三省堂.

三上章 (1953)『現代語法序説』, 刀江書院.

村木新次郎 (1998)「名詞と形容詞の境界」,『月刊言語』第 27 巻第 3 号, 大修館書店, pp.44-49.

籾山洋介 (1997)「慣用句の体系的分類―隠喩・換喩・提喩に基づく慣用的意味の成立を中心に」,『名古屋大学国語国文学』第 80 号, 名古屋大学国語国文学会, pp.29-43.

籾山洋介 (1998)「換喩 (メトニミー) と提喩 (シネクドキー) ―諸説の整理・検討―」,『名古屋大学日本語・日本文化論集』第 6 号, 名古屋大学留学生センター, pp.59-81.

籾山洋介 (2001)「多義語の複数の意味を統括するモデルと比喩」, 山梨正明 (編)『認知言語学論考』No.1, ひつじ書房, pp.29-58.

籾山洋介 (2002)『認知意味論のしくみ』, 研究社.

籾山洋介 (2009)『日本語表現で学ぶ入門からの認知言語学』, 研究社.

籾山洋介 (2010)『認知言語学入門』, 研究社.

籾山洋介・深田智 (2003)「第 3 章 意味の拡張、第 4 章 多義性」, 松本曜 (編)『認知意味論』, ひつじ書房, pp.73-186.

森田良行 (1989)『基礎日本語辞典』角川学芸出版.

八亀裕美 (2001)「現代日本語の形容詞述語文」,『阪大日本語研究 別冊 1』, 大阪大学大学院文学研究科日本語学講座, pp.1-144.

八亀裕美 (2003)「形容詞の評価的な意味と形容詞分類」,『阪大日本語研究』第 15 号, 大阪大学大学院文学研究科日本語学講座, pp.13-40.

八亀裕美 (2004)「形容詞の文中での機能」,『阪大日本語研究』第 16 号, 大阪大学大学院文学研究科日本語学講座, pp.51-65.

八亀裕美 (2007)「形容詞研究の現在」, 工藤真由美 (編)『日本語形容詞の文法―標準語研究を超えて―』, ひつじ書房, pp.53-77.

八亀裕美 (2008)『日本語形容詞の記述的研究―類型論的視点から―』, 明治書院.

山口仲美 (1982)「感覚・感情語彙の歴史」,『講座日本語学 語彙史』, 明治書院, pp.202-227.

山田進 (1982)「ウレシイ・タノシイ」, 國廣哲彌 (編)『ことばの意味 3―辞書に書いてないこと』, 平凡社, pp.112-120.

山田忠雄・倉持保男・上野善道・山田明雄・井島正博・笹原宏之 (編) (2020)『新明解国語辞典 第八版』, 三省堂.

類語研究会（編）（1991）『似た言葉使い分け辞典』, 創拓社.
渡辺実（1971）『国語構文論』, 塙書房.

Bechtel, W. and G. Graham (eds.) (1998) A Companion to Cognitive Science, Blackwell.
Fillmore, Charles J. (1982) "Frame Semantics," In The Linguistic Society of Korea (ed.), Linguistics in the Morning Calm, Hanshin, pp.111-137.
Kövecses, Zoltán (1986) Metaphors of Anger, Pride and Love: A Lexical Approach to the Structure of Concepts, John Benjamins.
Kövecses, Zoltán (2000a) Emotion Concepts, Springer.
Kövecses, Zoltán (2000b) Metaphor and Emotion, Cambridge University Press.
Kövecses, Zoltán (2002) Metaphor, Oxford University Press.
Kövecses, Zoltán (2005) Metaphor in Culture: Universality and Variation, Cambridge University Press.
Lakoff, G. (1987) Women, Fire, and Dangerous Things: What Categories Reveal about the Mind, The University of Chicago Press.
Lakoff, G. and M. Johnson (1980) Metaphors We Live By, The University of Chicago Press.
Lakoff, G. and M. Johnson (1999) Philosophy in the Flesh, Basic Books.
Langacker, Ronald W. (1999) Grammar and Conceptualization, Mouton de Gruyter.

　本書の第4章から第9章は、以下の論文にもとづき、その後の研究によって明らかにしたことを加味して一部加筆・修正したものである。

第4章
2017年　「『おもしろい』と『おかしい』の意味分析」『朝日大学留学生別科紀要』14、朝日大学留学生別科、pp.13-26.
第5章
2004年　「『かなしい』と『さびしい』の意味分析」『日本語教育』第121号、日本語教育学会、pp.56-65.
2009年　「『わびしい』の意味分析」『言葉と文化』第10号, 名古屋大学大学院国際言語文化研究科日本言語文化専攻、pp.1-10.
第6章
2010年　「『こわい』と『おそろしい』の意味について」『名古屋大学日本語・日本文化論集』第17号、名古屋大学留学生センター、pp.1-20.

第7章

2011年　「『いや』と『きらい』の意味について」『名古屋大学日本語・日本文化論集』第 18 号、
　　　　名古屋大学留学生センター、pp.49-67.

2011年　「『うっとうしい、わずらわしい、めんどうくさい』の意味分析」『言葉と文化』第 12 号、
　　　　名古屋大学大学院国際言語文化研究科日本言語文化専攻、pp.19-29.

第8章

2010年　「『じれったい、もどかしい、はがゆい』の意味分析」『言葉と文化』第 11 号、名古屋
　　　　大学大学院国際言語文化研究科日本言語文化専攻、pp.271-283.

第9章

2013年　「『すき』と『きらい』の意味について」『名古屋大学日本語・日本文化論集』第 20 号、
　　　　名古屋大学留学生センター、pp.51-66.

2014年　「『気持ち良い』と『気持ち悪い』の意味分析」『名古屋大学日本語・日本文化論集』
　　　　第 21 号、名古屋大学留学生センター、pp.33-44.

謝　辞

　本書は名古屋大学大学院国際言語文化研究科日本言語文化専攻博士後期課程
に在籍中の研究成果を中心にまとめたものです。

　研究活動全般にわたり、終始懇切なるご指導とあたたかい激励をいただいた
籾山洋介先生に深く感謝申し上げます。

　また、出版の機会を与えてくださった張麟声先生にも深謝いたします。

　お世話になったすべての方々に重ねて厚く謝意を表し、謝辞といたします。

·· **執筆者紹介** ··

加藤　恵梨（かとう　えり）

名古屋大学大学院国際言語文化研究科博士後期課程修了。博士（文学）。
愛知教育大学准教授。

専門：日本語学、日本語教育。

主な論文：「母は親切です。」（『一語から始める小さな日本語学』、ひつ
じ書房、2022）、「第 13 章　「遊ぶ」の意味と教え方について」（『多義動
詞分析の新展開と日本語教育への応用』、開拓社、2019）、「第 8 章　意志・
願望・判断を表す表現」（『現場に役立つ日本語教育研究 5　コーパス
から始まる例文作り』、くろしお出版、2017）

感情を表す形容詞の意味分析

2023 年 10 月 23 日　初版第 1 刷発行

著　者　　加　藤　恵　梨
発行者　　関　谷　昌　子
発行所　　日中言語文化出版社
　　　　　〒 531-0074 大阪市北区本庄東 2 丁目 13 番 21 号
　　　　　TEL　06（6485）2406
　　　　　FAX　06（6371）2303
印刷所　　株式会社 Big Hug